La crisi catalana
Una oportunitat per a Europa

Carles Puigdemont

Converses amb Olivier Mouton

LA CRISI CATALANA

Una oportunitat per a Europa

Traducció d'Imma Falcó

La Campana

Títol original: *De Catalaanse crisis* (traduït de la versió francesa)

1a edició: setembre del 2018

Avenir, 49, baixos, 08021 Barcelona
Tel.: 93 453 16 65
info@lacampanaeditorial.com
www.lacampanaeditorial.com

Foto de la coberta: Belga
Disseny de la coberta: Lannoo Publishers
Adaptació de la coberta: Núria Tremoleda

ISBN: 978-84-16863-46-4
Dipòsit legal: B. 22.722 - 2018
Fotocomposició: EdiGestió (Barcelona)
Imprès a Romanyà/Valls. Capellades (Barcelona)

Índex

Pròleg a l'edició catalana

Poques setmanes després de les eleccions del 21 de desembre del 2017 vaig rebre la proposta d'una editora belga d'escriure un llibre adreçat a ciutadans europeus que no coneixien el que estava passant entre Catalunya i l'estat espanyol però a qui els esdeveniments recents havien despertat l'interès. Hi havia interès a saber per què havíem arribat fins aquí i què proposàvem a Europa, em van dir. Interès a conèixer amb molt més detall una crisi que havia irromput amb una gran intensitat a partir del referèndum de l'1 d'Octubre i que havia situat al cor d'Europa un problema polític la transcendència del qual ja havia percebut tothom. Ganes de saber més, ganes d'obtenir respostes a moltes preguntes, d'aclarir percepcions. Sobretot, d'entendre com era possible que a l'Europa del segle XXI, en un país agradable i simpàtic com és l'estat espanyol, on molts europeus van de vacances i del qual coneixen els seus productes de qualitat, els seus paisatges, les seves cultures...

com era possible que en aquesta entranyable Espanya hi hagués presos polítics, exiliats, repressió d'idees i, sobretot, una ombra de franquisme que tothom donava per inexistent.

La proposta de fer un llibre a partir d'unes converses amb el periodista Olivier Mouton em va semblar interessant i, sobretot, molt pràctica. Primer, pel temps; i segon, i més important, pel punt de vista de l'entrevistador i redactor: les seves preguntes, el seu interès i el seu coneixement de base sobre el conflicte serien el que més s'assemblaria a les preguntes, l'interès i el coneixement del lector europeu que s'apropés al llibre.

Per això, en la seva versió original en francès, el llibre aborda una aproximació a la realitat del conflicte pensant en un lector europeu. Però crec que als lectors catalans els ajudarà a entendre la dimensió europea d'aquesta crisi i a fer l'esforç de posar-se en la pell d'un ciutadà d'un altre país i de mirar amb els seus ulls el conflicte tal com li ha estat relatat.

Entre l'inici del projecte i la seva fi han passat moltes coses que han afectat el procés de preparació i redacció d'aquest text. Ha calgut anar fent-hi actualitzacions a mesura que s'anaven produint esdeveniments que calia incorporar; segurament, quan aquestes pàgines vegin la llum, s'hauran produït fets que, dissortadament, ja no haurem pogut incorporar al llibre. De fet, és normal que sigui així: aquesta és una crisi que tot just és a l'inici, que no s'ha acabat, que ha entrat de ple en la dimensió internacional i que, per tant, evoluciona cada dia. Les converses amb Olivier Mouton són retrats fets en moments diversos, i en llocs molt diferents. També en condicions personals que han anat variant, i amb els lògics efectes d'un patiment personal que, malgrat tots els esforços per contenir-lo, sempre acaba aflorant en un moment o altre.

M'interessava sobretot fer públiques unes reflexions sobre la dimensió europea de la crisi catalana, i emfasitzar el caràcter democràtic, de radicalitat democràtica, de la nostra lluita. Explicar com Catalunya ha esdevingut una referència indispensable per parlar del futur d'una Europa on tots els ciutadans que hi vivim ens hi reconeguem molt més.

Hem dit sempre que això va de democràcia. De drets civils, de drets polítics, de llibertats.

Avui podem afegir, amb més insistència i raó, que això també va d'Europa.

CARLES PUIGDEMONT
Waterloo, agost del 2018

Introducció

El que està passant a Catalunya des de fa un temps, i de manera molt especial aquest darrer any, s'ha convertit en un subjecte informatiu de primer ordre internacional i ha atret l'atenció de moltes persones que un temps enrere haurien tingut dificultats per situar el país al mapa. La lluita de Catalunya per estructurar-se en una república independent de base radicalment democràtica, i la brutal repressió a la qual ha de fer front per part d'un dels estats amb menys tradició democràtica entre els grans estats de la Unió Europea, ha arribat a moltes cases arreu del món.

Però el que ha passat no és fàcil de resumir en un llibre, i encara menys quan els fets es van succeint i el final de la història ens reserva girs inesperats que poden canviar algunes previsions aparentment segures poques setmanes abans. Vaig començar a dialogar amb el periodista Olivier Mouton, col·laborador imprescindible en aquest projecte, en un context polític, judicial i personal que avui, a l'hora de tancar la redacció d'aquest llibre, presenta diferències significatives i rellevants. El govern espanyol que va liderar aquella ofensiva brutal contra l'independentisme català ha estat cessat per una majoria parlamentària articulada a l'entorn del Partit Socialista i en la qual els vots de les minories sobiranistes basca i catalana han estat determinants. Mariano Rajoy, el president immòbil que és incapaç d'actuar com un demòcrata i d'escoltar una part del país que ja no se'n sent part, ha deixat la política. Companys meus de govern que aleshores estaven en llibertat i la presidenta del Parlament de l'anterior legislatura han estat empresonats en centres penitenciaris espanyols, on ja estaven tancats els dos líders de les associacions civils més grans de Catalunya, Jordi Sánchez i Jordi Cuixart, i dos membres del govern que jo presidia, Oriol Junqueras, vicepresident, i Joaquim Forn, conseller d'Interior. Jo mateix he passat dotze dies tancat en una presó d'Alemanya, a la localitat de Neumünster, després de ser arrestat quan tornava de Finlàndia i em dirigia a Bèlgica per posar-me a disposició de la justícia del país on estava vivint i on ja havia emprès les accions de defensa jurídica amb motiu de la primera ordre europea d'arrest. La secretària general d'Esquerra Republicana de Catalunya va decidir exiliar-se a Suïssa el dia que van arrestar la resta de membres del Govern. El cantant Valtònyc, condemnat a més de tres anys de presó per la lletra d'un dels seus raps contra la monarquia espanyola, també s'ha exiliat, en aquest cas a Bèlgica, per denunciar la greu persecució de drets fonamentals a l'estat espanyol. Mentrestant, a Espanya la causa judicial avança al mateix ritme que va recollint fracassos a nivell europeu, fins al punt que l'estratègia judicial espanyola no ha recollit el resultat positiu que esperava pel que fa a la principal acusació en contra meva, la rebel·lió, en cap de les quatre jurisdiccions europees a les quals s'ha acabat estenent el conflicte (Bèlgica, Alemanya, Escòcia i Suïssa). L'opinió pública europea, especialment la dels països on ens trobem les vuit persones que som a l'exili, ha descobert una realitat que li era desconeguda o que només havia sentit explicar a partir de quatre tòpics generals que, de fet, havien actuat de barrera per al coneixement més precís i rigorós del que estava passant.

Avui, una part de l'opinió pública es demana com és possible que els membres d'un govern escollit democràticament estiguem empresonats o ens haguem vist forçats a marxar a l'exili per haver organitzat un referèndum d'autodeterminació d'acord amb una majoria parlamentària sorgida d'unes eleccions lliures i altament concorregudes. No entén com pot ser que no s'hagi negociat abans, o com és que no s'està negociant ara mateix, per tal de fer possible el que en democràcia hauria de ser la cosa més normal:

que un poble pugui decidir de manera democràtica quin vol que sigui el seu destí.

El mateix itinerari geogràfic que ha seguit l'elaboració d'aquest llibre, i per tant els successius canvis de context, ajuden a entendre'n la dimensió. El vam començar conversant en un petit apartament de Waterloo, on havia anat a viure després d'unes primeres i decisives setmanes en un hotel apartament de Lovaina; el vam continuar en una casa també de Waterloo on hem posat el quarter general del Consell per a la República; vam seguir en un hotel apartament de Berlín, al cap de poc de sortir de la presó de Neumünster, i finalment l'estic revisant i acabant des d'un apartament en un poble meravellós del land de Schleswig-Holstein, en aquella època de l'any en què les cireres ja són a punt i el blat que pinta de daurat uns camps immensos enllesteix la seva maduració definitiva.

El que vull dir és que per als catalans no és fàcil explicar-se d'una manera prou senzilla, ràpida i efectiva perquè se'ns pugui entendre bé. Però tanmateix tenim el deure de fer-ho, d'adreçar-nos als ciutadans europeus per oferir-los una narrativa del conflicte que vivim que vagi més enllà de les informacions i la propaganda, de les *fake news*, la desinformació i el soroll de les xarxes socials. Una narrativa que no vol ser excloent però que és necessària perquè el ciutadà europeu que ha contemplat atònit els esdeveniments que s'han succeït des de l'1 d'Octubre de 2017 fins avui tingui elements de primera mà per entendre millor una crisi que de manera directa l'afecta també a ell. Elements que després haurà de posar al costat d'altres que provenen dels sectors contraris a la independència o de la mateixa diplomàcia espanyola i que, junts, el podran ajudar a entendre la situació i a adoptar una posició fonamentada.

Dic que també afecta el ciutadà europeu perquè és una crisi interna europea, no una crisi domèstica espanyola. I sobretot perquè aquesta crisi posa a prova la capacitat de la Unió Europea de situar els interessos dels ciutadans per damunt dels interessos de determinats estats i és una clara oportunitat per reforçar –o, pel contrari, afeblir– el compromís europeu amb els drets i les llibertats fonamentals. De fet, la crisi catalana és una oportunitat per a Europa de demostrar que els drets humans són la seva principal fortalesa davant els autoritarismes que s'estan apoderant d'aquelles regions que temen Europa quan aquesta esdevé avantguarda militant dels drets humans: Rússia, la Xina, els Estats Units... Crec que, avui, una majoria d'europeus ens sentim interpel·lats per qualsevol regressió en termes de drets i llibertats que s'estigui produint en qualsevol racó de la Unió. No ens agrada, no ens hi reconeixem. Tant se val si és a Hongria, a Polònia o a Espanya: quan en un indret de la Unió la llibertat d'expressió és amenaçada o la independència judicial no està garantida, els efectes d'aquesta involució els patim els ciutadans europeus, i ens sentim amenaçats per aquesta reculada fins al punt que alguns s'han decidit a mobilitzar-se i a sortir al carrer per defensar els valors europeus.

Això és el que vam fer els catalans el dia 1 d'Octubre. Quan protegíem les urnes amb els nostres cossos i ens enfrontàvem a una violenta i dura repressió policial i judicial, teníem perfecta consciència que actuàvem en el marc dels drets fonamentals d'Europa. I també que l'Europa on volem viure i l'Europa que volem ajudar a construir la representen millor els ciutadans que protegeixen urnes que no pas l'estat que envia la policia a reprimir-los amb una violència extrema que no podrem esborrar mai de la nostra memòria. Per això ens reivindiquem, insisteixo, com un afer europeu i no pas com un assumpte intern d'un estat determinat; no volem deslligar el nostre destí del d'Europa; no volem renunciar a posar la revolució catalana, pacífica i pacifista, i la seva radicalitat democràtica, al servei del debat per millorar Europa.

Per tot això que he explicat en els paràgrafs anteriors, em sento en la necessitat i en el deure d'explicar-me també davant dels nostres conciutadans europeus, de respondre a les qüestions que aquesta crisi ha plantejat i d'aclarir els dubtes que un conflicte d'aquesta envergadura sempre acaba generant.

En aquesta crisi a mi m'ha tocat fer, a nivell personal, un paper que no m'hauria imaginat mai. En molt poc temps m'ha canviat completament la vida; se m'ha complicat molt i ha patit una exposició per a la qual jo crec que ningú pot estar preparat mai. Sobretot si no ho ha perseguit de manera intencionada. Un seguit de circumstàncies i decisions han impactat sobre la meva persona amb una intensitat espantosa. En poc temps m'he vist projectat des del quasi anonimat d'una vida a l'interior de la Catalunya més discreta, on ens coneixem tots, on ens diem «bon dia» i «gràcies» d'aquella manera que les grans ciutats han desaprès a dir, cap a les *breaking news* i les pàgines de mitjans d'arreu del món. He vist com el meu cognom, que la majoria de polítics i periodistes espanyols sembla que troben impronunciable, era articulat amb una dicció més que correcta per presentadors d'informatius de ràdios i televisions internacionals. I durant aquests mesos he hagut d'aprendre a conviure amb un grau de coneixement de la meva persona que ha deixat molt pocs racons en l'espai públic per a una saludable i reparadora invisibilitat.

No és cap traïció a mi mateix, per tant, si dic que les coses no han anat, en termes personals i vitals, com jo hauria volgut. De fet, n'hi ha que han anat exactament en la direcció contrària. Jo tenia previst deixar la política després del meu període a la presidència de la Generalitat, i òbviament no és el que ha passat. Somiava viure amb discreció el darrer tram de la meva vida útil, aquell en què et sents com t'has sentit sempre però el teu cap pensa més en el final que en el principi; i, visiblement, tampoc és el que ha passat.

Però tanmateix continuo reconeixent-me. No sé com explicar qui soc, i em costa relacionar-me amb la meva biografia si no és d'una manera íntima, portes endins. Inevitablement, però, en tot aquest temps he hagut de revisitar-la unes quantes vegades i n'he hagut de parlar. Per un costat, perquè era un perfecte desconegut i hi havia un interès objectiu a revelar elements biogràfics que ajudessin a situar el personatge. Una de les feines del periodisme és poder satisfer aquest interès dins dels límits de l'ètica i la deontologia professionals. Per l'altre, perquè encara subsisteix la tendència a denigrar fenòmens com el de la gran mobilització catalana com si fossin el resultat del paper determinant d'un líder, al qual, per alguna raó misteriosa, se li atribueix el deure històric de conduir un poble al seu destí. És a dir, explicar la revolució catalana, que no té res de clàssica ni d'antiga, en termes de messianisme clàssic i antic. Perquè així tot resulta més fàcil d'explicar... i de combatre: si cau el líder, cau la revolució. Empresonant els líders, s'empresona el procés d'independència.

La idea, a més de ser falsa, és altament ofensiva per a una nació que ha aconseguit sobreviure i vèncer tota mena d'amenaces i agressions no pas gràcies a cap cabdillisme, sinó a una actitud cívica i de solidaritat popular que s'ha anat reforçant a cada generació. La llengua, la cultura, les institucions, han trobat sempre l'empara d'una població que les ha refugiat quan des dels estats –l'espanyol i el francès– se n'ha ordenat la persecució i la prohibició. És aquesta actitud, i no el seguidisme gregari a un líder, el que ens ha portat fins aquí, el que explica les colossals manifestacions pacífiques de cada 11 de Setembre des de l'any 2012, i el que ha fet possible la victòria de l'1 d'Octubre. Però també és el que farà possible afrontar les dificultats que hauran de venir. Francesc Pujols, filòsof i escriptor català que va reivindicar l'arquitectura de Gaudí i va captivar Salvador Dalí, va definir aquesta actitud en una frase que ha esdevingut cèlebre: «El pensament català rebrota i sempre sobreviu als seus il·lusos enterradors.»

A vegades s'ha dit que tot català porta un anarquista a dins. En realitat, som la conseqüència d'haver hagut de desenvolupar-nos culturalment, econòmicament i socialment al marge –i sovint en contra– de l'acció d'un estat centralista, uniformitzador i autoritari. L'abolició total de les constitucions i les institucions catalanes a partir de 1714, com a conseqüència de la derrota en la Guerra de Successió a la corona espanyola, ha generat una desafecció i un desinterès general dels catalans envers la governació i la participació de l'Estat. Per posar-ne un exemple, en un estudi de l'Instituto Español de Estudios Estratégicos i el Ministerio de Defensa publicat el setembre de 2013, es constata que només el 25,8 % dels catalans animaria el seu fill o filla a fer-se militar, una quantitat molt inferior a la dels que ho farien a Madrid (49,1 %), a València (53,4 %), a Andalusia 58,6 %), a Aragó (66,1 %) o a Múrcia (70,5 %).

Jo formo part d'aquesta realitat. Com milions de persones més. I, encara que ja ens hem posat en marxa per dotar-nos d'un estat independent, i per tant d'alguna manera hem trencat amb aquesta tradició històrica, no tenim el més mínim interès a reproduir un estat que actuï i s'organitzi igual que l'espanyol però amb unes dimensions i un nom diferents. Per fer això no hi haurà mai una majoria social republicana a Catalunya. L'estat que ens hem disposat a bastir beu d'aquesta tradició i es projecta cap al futur envers el qual hauran d'evolucionar els estats tradicionals. Ens volem dotar d'un estat propi per alliberar-nos del pes i les ineficiències d'un estat obsolescent. Som milions que ho volem.

Jo en soc un d'ells, a qui les circumstàncies han portat a assumir la responsabilitat de presidir el Govern en el trànsit de l'autonomia fins a la declaració d'independència.

1

«De petit, no em podia dir Carles...»

Les arrels de la meva voluntat d'independència

Per a mi la idea de la independència és una cosa natural. Soc català perquè em sento català. No és que un dia decidís que volia ser així. La qüestió de la catalanitat ha estat sempre molt present en la nostra família, com en moltes famílies de Catalunya. La meva mare recorda que quan era petita i parlava català a Barcelona, li deien: «Haga usted el favor de hablar en cristiano!» Estava prohibit parlar català en públic, i ella no entenia per què. El 28 de juliol de 1940 el governador civil de Barcelona va aprovar un decret que restablia «el uso exclusivo del idioma nacional en todos los actos y relaciones de la vida pública en esta provincia». Va ser només una de les nombroses mesures oficials contra la llengua catalana decretades per les autoritats feixistes.

Jo no vaig fer l'escolarització en català: el parlava a casa i amb els amics al carrer, però durant l'època de Franco estava prohibit fer-lo servir a l'escola, a l'administració, als mitjans de comunicació, als actes públics... Jo no el sabia escriure, i pràcticament no hi havia res per llegir en català. Per a nosaltres l'espanyol era la llengua de l'autoritat. No és que em sàpiga greu parlar castellà, al contrari. M'encanta la seva literatura i l'escric sense problemes. Però érem literalment analfabets en la nostra pròpia llengua, i això és així des de fa tres-cents anys. El català estava prohibit a l'administració, a la justícia i a les botigues, i encara ara n'arrosseguem alguna cosa: els jutges que venen a treballar a Catalunya no tenen cap obligació de saber català. Això no és normal, perquè indueix a una autocensura en la nostra pròpia llengua, per por que ens jutgin diferent si parlem català.

A la nostra família fa molt de temps que es parla de política. El meu besavi va ser alcalde a principis del segle XX. Els meus avis van viure tots dos la Guerra Civil: l'un, de la dreta catòlica catalanista, no va entrar en guerra però es va alinear amb el bàndol de Franco; l'altre va haver d'exiliar-se a França després de la caiguda de Barcelona perquè s'havia mantingut lleial a la república i va passar per diferents camps de concentració. Les últimes cartes a la família daten del 1943. Després, el silenci i la desaparició. L'any 1979 el meu oncle va ser elegit primer alcalde en democràcia del meu poble, Amer, després de la mort de Franco el 1975. Cada dilluns hi havia tertúlia al menjador de casa amb capellans compromesos, perquè l'Església catalana va tenir un paper molt important en la restauració democràtica i la lluita antifranquista. Debatien sobre la situació, evocaven el retorn del president català, que encara era a l'exili... Jo era tot orelles. No sabia gairebé res de Catalunya, de la seva història. A l'escola ens en parlaven com d'una part d'Espanya i punt. Ni tan sols sabia que teníem un president a l'exili. La meva consciència política es va desenvolupar en aquella època. Vivia en un internat a les muntanyes del Pla de l'Estany i la Garrotxa; a la nit estàvem sols i parlàvem molt del que podia passar en el futur. Amb la mort de Franco comença a haver-hi certa llibertat d'expressió, publicacions, conferències, articles a la premsa... S'obria una finestra i descobríem moltes coses que fins aleshores ens havien estat amagades. El que es recorda sobretot a Europa de l'etapa del postfranquisme és la Movida, un gran corrent d'alliberament cultural propiciat per la transició democràtica espanyola, però és un moviment bàsicament madrileny. A Catalunya el sentiment predominant és la voluntat de recuperar el nostre autogovern, de conèixer la nostra història, la nostra llengua, la nostra cultura. És en aquesta època que prenc consciència que si durant tants anys vam ser un estat, amb les seves constitucions i les seves institucions, fins que vam perdre la Guerra de Successió fa tres-cents anys, ens podríem plantejar tornar a ser-ho. Per mi es tracta d'una aspiració democràtica. ¿Sense marcar-se límits? No. Sí que hi ha uns límits: els de la decisió democràtica. Durant tota aquesta època ens fem moltes preguntes sobre el que és la democràcia. Ens hem d'educar literalment en aquesta cultura política, que per a nosaltres és nova per culpa de la llosa de plom franquista que ha mantingut el país adormit durant tots aquests anys. És en aquest moment, en plena adolescència, que prenc consciència que soc una persona no violenta, pacifista, ecologista i antiracista. Soc un admirador de la lluita de Martin Luther King. Vull fer de la democràcia la meva lluita, però sense utilitzar mai una arma, sense imposar mai res per la força a ningú. La meva generació està convençuda que ens hem d'entendre entre tots, des dels comunistes fins als més conservadors. Jo, personalment, aspiro que se'm reconegui com a independentista; que es reconegui el meu dret a defensar la independència igual que d'altres tenen el dret de defensar les seves conviccions ideològiques.

El 1983 m'afilio a un partit que no és independentista estrictament parlant, Convergència Democràtica de Catalunya, el partit de Jordi Pujol: el que realment reclama és més autonomia. M'adono que cal temps per convèncer els catalans de la utilitat de la independència. La construcció d'un país ha de ser el resultat d'aquest esforç i de la voluntat d'una majoria de la ciutadania. En aquell moment reconec que encara hi ha una majoria contrària a la independència. De tota manera, la meva veritable vocació és el periodisme. Vaig començar a escriure a la premsa als setze anys, però la passió per aquesta professió ja em venia d'abans. Quan era a casa, llegia el diari cada dia. Estic convençut que la millor manera de contribuir a una societat democràtica és practicar la llibertat d'expressió i d'informació a través de la meva professió. És la millor garantia possible de contribuir a aquest objectiu. També em proposo oferir una mirada catalana sobre la nostra societat que ha estat absent durant tota l'etapa franquista. Fins que es va fundar *El Punt*, el 24 de febrer de 1979, a Girona només hi havia un diari, que havia estat propietat de la cadena d'informació del Movimiento, el partit únic del règim. Amb la creació d'*El Punt*, els seus promotors feien finalment possible una cosa que en temps de Franco havia estat prohibida: un diari català, escrit en català, amb un punt de vista editorial independent, per explicar coses de Catalunya sense un biaix centralista i sotmès al poder. La creació d'aquesta cooperativa va ser possible gràcies al suport de donants a través d'un micromecenatge, tot i que després un empresari l'acabaria professionalitzant. En definitiva es tractava de parlar de nosaltres, i no del que la premsa oficial havia explicat durant quaranta anys. Amb total llibertat. Era una dinàmica que havia començat a

Barcelona amb l'*Avui* i que es va anar reproduint per tot el territori català. A Girona, ens en vam ocupar nosaltres. Finalment, després de la mort de Franco, era possible practicar la llibertat d'expressió. Feia molt de temps que esperàvem aquell moment de llibertat.

Quan vaig néixer els meus pares no van poder inscriure'm al registre civil amb el nom que ells volien, Carles. Oficialment em van haver de posar Carlos, en castellà. Fins després de la mort del dictador, i de mica en mica, fins a la llei de 1983, no es va poder començar a normalitzar públicament el català. Llavors els meus pares van poder modificar el meu nom al registre. La vida de la gent estava canviant. Per a mi aquella llibertat de pensament era una gran descoberta. ¿Per què no podíem pensar en una Catalunya que assolís la seva independència de manera pacífica? ¿Per què no l'anàvem construint de mica en mica, introduint aquella idea en l'imaginari col·lectiu com una cosa possible i desitjable? Políticament, he treballat sempre amb partits que acceptaven una Catalunya en una Espanya democràtica i descentralitzada, admetent que això em podia fer canviar d'opinió. Encara ara, intel·lectualment, estic convençut d'aquesta possibilitat. Però, més de quaranta anys després de la mort de Franco, malauradament l'experiència ens dona molts arguments per afirmar que en tot aquest temps no ha estat possible tenir-hi una relació serena. La independència, per a mi, permetria resoldre tots els problemes històrics que hi ha hagut entre nosaltres i gestionar noves relacions fundades en la igualtat i el respecte a partir d'un reconeixement mutu.

L'estiu del 1991 la meva convicció que el camí cap a la independència és possible es reforça encara més amb un viatge a Eslovènia coincidint amb la independència d'aquesta exrepública iugoslava. En aquell moment m'interessa molt l'anomenat Moviment de les Nacions sense Estat a Europa: Flandes, Còrsega, el País Basc, Escòcia, Irlanda del Nord, la Bretanya... Els independentistes catalans seguim la realitat del que està passant a l'antic bloc de l'Est amb molt d'interès. Amb la caiguda de la Unió Soviètica es produeix un important moviment d'emancipació nacional que comença a Lituània i als estats bàltics. Potser a Catalunya encara no estem preparats per seguir aquests exemples, que tanmateix, de cop i volta, fan possibles evolucions independentistes susceptibles de canviar el mapa d'Europa. Tinc ganes de viure de primera mà aquests moviments històrics. Abans que esclatés la guerra a l'ex-Iugoslàvia, precisament, havia participat en un congrés de premsa sobre llengües minoritàries. Hi havia bascos, jo, que era català, i una periodista eslovena que ens va explicar el que podia passar al seu país. En una de les converses que vam tenir li vaig dir que, si arribaven a ser independents, m'agradaria fer-los una visita. Era un desig que responia a un interès periodístic i a les meves conviccions polítiques. Així doncs, quan esclata la breu guerra d'Eslovènia, a finals de juny de 1991, agafo el cotxe amb uns amics i me'n vaig a Ljubljana. Allà tinc ocasió de parlar amb membres del primer govern eslovè, que m'expliquen com estan fent realitat les seves aspiracions. Per a mi no és cap revelació, sinó la confirmació que és possible. Amb tot, soc conscient que per a Catalunya és massa d'hora, perquè encara no hi ha una majoria política partidària d'aquesta evolució. Del que sí que prenc consciència, però, és que és un horitzó possible en el futur.

En aquell moment a Espanya continua el debat sobre els models basc i català. Des del franquisme una part del moviment independentista basc s'ha decantat cap al terrorisme i està provocant moltes morts. Una part petitíssima del moviment independentista català sembla fascinada per aquest esclat violent i considera que som burros i que parlant de pau no arribarem mai enlloc; no com ells, que sí que tenen el valor de fer aquesta lluita armada. M'haig d'enfrontar amb gent convençuda que la via violenta pot accelerar el reconeixement de la nostra reivindicació. N'hi ha que fins i tot estan segurs que els bascos se'n sortiran, per aquesta via. Jo, en canvi, estic convençut que acabarà malament. A més a més soc contrari a qualsevol mena de violència, tot i que sento simpatia per les aspiracions del moviment basc i que mantinc contactes amb alguns independentistes bascos. Però rebutjo el terrorisme. Al llarg de tots aquests anys multiplico els esforços en el meu entorn per evitar el risc d'una desestabilització tipus País Basc a Catalunya. Soc un pacifista profundament convençut, encara que això retardi el reconeixement que hi ha una reivindicació independentista a Catalunya. En nom d'aquesta mateixa aspiració a la no-violència, el model iugoslau no és tampoc un model a seguir. A Eslovènia moren més de seixanta persones, tot i que el conflicte armat dura pocs dies. Quan hi arribo encara veig barricades, militars als carrers... I jo, hi insisteixo, soc al·lèrgic a la utilització de les armes. Ni tan sols he fet el servei militar. El que passa després a l'ex-Iugoslàvia, a Sèrbia o a Bòsnia, és espantós, amb onades de depuració ètnica i milers de morts. L'absència culpable de la Unió Europea durant aquesta prova em fa pensar molt. És una primera ruptura amb l'ideal comunitari.

La via pacífica és l'única que ens podem permetre. No és qüestió d'acabar com al País Basc, amb milers de víctimes a un bàndol i a l'altre, gent a la presó, atemptats, famílies destrossades... És un horror! Jo no voldria mai una cosa així per al meu país! Això referma els meus elements de reflexió fonamentals i la meva voluntat de fer política de manera democràtica. També hi ha uns valors cristians de base, en aquesta convicció pel respecte a l'ésser humà... Em veig a mi mateix com un cristià de base. Sí, soc creient, però també molt crític amb l'Església catòlica, que al llarg dels segles ha mostrat actituds molt allunyades del cristianisme. Per a mi el cristianisme és una manera de viure en pau entre nosaltres a partir de la fraternitat i del respecte per l'altre, sigui qui sigui. Pots actuar d'acord amb les teves conviccions i al mateix temps deixar que els altres actuïn d'acord amb les seves. Per a mi, és el que hauria de ser Europa. Esclar que això no ha impedit que Europa hagi mostrat al món la pitjor cara de la política, ja sigui amb el nazisme, el feixisme, l'imperialisme o el totalitarisme de Stalin. Però és precisament quan Europa s'ha allunyat dels principis fonamentals que actualment trobem a la democràcia cristiana quan ha caigut en els defectes horribles que tots coneixem. Evidentment, això ha de ser compatible amb una concepció necessàriament laica dels poders públics.

Un any després del meu viatge a Eslovènia, és a dir el 1992, Barcelona organitza els Jocs Olímpics. Aquest esdeveniment canvia profundament la fesomia de la ciutat. Si hem de ser justos, pel que fa a la perspectiva històrica, s'ha de reconèixer que els Jocs són un èxit. Però també cal parlar de les restriccions per mostrar senyeres i de la detenció, absolutament il·legal, d'independentistes catalans uns quants mesos abans de l'inici dels Jocs. Tinc amics que són empresonats i torturats. Al cap dels anys Espanya serà condemnada pel Tribunal Europeu de Drets Humans per no haver investigat aquestes tortures. L'objectiu de la repressió contra el moviment independentista és que no es pugui mostrar la realitat als periodistes. L'any 1992 l'Estat ven al món la imatge d'una Espanya moderna i oberta i tothom l'hi compra sense posar res en dubte. Haig de reconèixer que en aquell moment fins i tot el meu partit aplaudeix la modernització d'Espanya, tot i que durant aquella època no es produeix cap canvi substancial. No hi ha cap canvi profund en la manera com s'organitza l'Estat, ni cap pas significatiu en la millora del respecte envers les diferents nacionalitats que cohabiten a Espanya. El fons de la qüestió que m'ocuparà tota la vida ja és present. La Constitució espanyola parla de les diferents «nacionalitats i regions». És una terminologia que es va afegir durant la negociació del nou text, l'any 1978. ¿Per què aquesta diferència semàntica? En aquell moment vam pensar que Catalunya quedava reconeguda com una «nacionalitat», però els fets han demostrat que sempre se l'ha considerat com una regió administrativa més. La realitat no és com ens l'imaginàvem llegint aquell text. Va ser una trampa, una mena de miratge. Tot plegat va desembocar en la sentència del Tribunal Constitucional del 2010 contra l'estatut d'autonomia, de la qual parlarem més endavant i que nosaltres considerem com un cop d'estat. Va ser aquesta sentència el que va generar la següent pregunta: ¿ens hem de resignar a ser espanyols de segona, o hem de decidir que ha arribat el moment de passar a l'acció, per difícil que sigui, per poder ser finalment nosaltres mateixos?

La meva arribada a la política activa, durant la primera dècada d'aquest segle, va ser absolutament accidental. Jo tenia molt clar que no hi volia entrar; com a molt em plantejava la perspectiva llunyana de ser l'alcalde del meu poble un cop jubilat, per dedicar el meu temps als altres. Però no en volia fer una professió, no suportava ni aquesta idea ni la tendència al sectarisme dels partits. I encara ara no les suporto. Tot i que soc militant d'un partit, la meva llibertat de pensament és un dels meus béns més preats. Per mi la democràcia és això; no és una religió. No suporto els dogmes, m'agrada cultivar el dubte i sempre estic disposat a canviar d'opinió per entendre'm amb els altres. Per tant, no em veia com un bon polític. A més a més estava enamorat del periodisme, era una passió que em donava la llibertat de parlar, també de manera crítica. Em vaig casar, em vaig estabilitzar professionalment, vaig fundar l'Agència Catalana de Notícies, i com a molt de tant en tant donava un cop de mà al meu partit en temes de comunicació. Però l'any 2006 el candidat proposat pel meu partit a les eleccions municipals a Girona –en un dels pitjors moments per a la meva formació política, després de perdre les eleccions autonòmiques i d'haver estat expulsada del poder gairebé a tot arreu– comença a rebre amenaces de mort contra ell i la seva família, sense que se sàpiga per què. Finalment, quan falten pocs mesos per a les eleccions, renuncia a ser candidat. El meu partit queda en estat de xoc i decideix que no té res a perdre i que és el moment d'assumir riscos. Jo no m'havia presentat mai en cap llista, no havia demanat mai res i vivia fora d'aquella galàxia. Em cridaven per atiar el debat i para de comptar. Llavors, sense que m'ho esperi gens, em pregunten: «¿Per què no t'hi poses tu?» ¿Què? ¿Jo, aquell paio dels cabells llargs que li agrada la música rock i que no va vestit com un polític? No, és evident que no soc de l'estil del meu partit. Però aleshores faig un clic: és el pitjor moment de la història del meu partit i em correspon també a mi fer-lo més atractiu. Així doncs, accepto, però amb tres condicions: la llista la faré jo, el to de la campanya el decidiré jo, i la dirigiré jo des d'un local que no sigui el del meu partit.

La nit de les eleccions, al maig del 2007, anem molt bé, fins al punt que s'obre la possibilitat d'una coalició diferent, sense els socialistes. Treballem durant uns quants dies en aquest escenari i fins i tot tanquem un principi d'acord, però al final no en surt res perquè els socialistes acaben concedint als nostres socis potencials tot el que els demanen. Amb tot, per primera vegada tenim la sensació que a Girona és possible una alternativa. Durant els quatre anys següents canviem de dalt a baix la imatge de Convergència a Girona, tant amb la nostra manera de comunicar com a través de les prioritats del nostre programa... Això em converteix definitivament en un polític. Per a mi la política és la capacitat de reaccionar als reptes de cada moment, la capacitat de generar debat. Finalment, l'escrutini municipal del 22 de maig del 2011 deixa clar el canvi a la ciutat de Girona i ens ofereix la possibilitat d'enviar els socialistes a l'oposició després de trenta-dos anys al poder. Arribo a l'alcaldia amb la intenció d'estar-m'hi com a molt vuit anys, és a dir, dos mandats, i després canviar d'activitat; tornaré a la comunicació, em dedicaré a escriure, potser fins i tot a la literatura. Tornaré al que és la meva vida. En aquell moment dic a tothom que em vulgui escoltar que no tinc cap intenció d'arribar a ser conseller. No em veig a mi mateix com un líder. Però la història m'acabarà contradient...

A principis del 2016, en vint-i-quatre hores, em converteixo en el president de Catalunya. Tot plegat és la conseqüència d'un cúmul de circumstàncies. No s'ha arribat a un acord per tornar a investir el president sortint, Artur

Mas. Sense aquest acord, s'hauran de convocar noves eleccions, i això seria catastròfic. Un dissabte em truca el president Mas i em demana si el puc anar a veure a Barcelona. Tot i que abans d'aquest dissabte no m'ha passat mai pel cap aquesta possibilitat, em proposa ser president de Catalunya. Jo acabo de guanyar per segon cop les municipals, l'any 2015, i d'encetar el meu segon i últim mandat. Per fi ha arribat el moment de veure el fruit dels esforços fets fins ara. Per a mi és un immens privilegi ser alcalde de Girona. La petició que em fa el president Mas trenca tots els meus plans. «Podries haver dit que no», em direu. Sí, però si ho hagués fet hauria hagut de renunciar també a ser alcalde de Girona. Jo faig política per tirar endavant un projecte, i no per ocupar un càrrec en concret. Quan el president sortint de Catalunya et proposa agafar el relleu per dur a bon port el projecte més sobiranista de la història de Catalunya, si tens un perfil d'independentista autèntic, costa molt triar la comoditat de l'alcaldia. Si hagués dit que no, no hauria pogut dormir tranquil, hauria hagut d'abandonar la política. Per coherència. Quan el president Mas em fa la proposta, li pregunto quant de temps tinc per pensar-m'ho i, sense dubtar-ho ni un moment, em diu: «Un quart d'hora.» Davant del meu escepticisme, rectifica i afegeix: «Va, vint minuts.» Finalment acabo acceptant. No és que em senti investit d'una missió, en absolut. Considero que la meva generació, com les que l'han precedit, és una baula més d'una cadena. El meu objectiu és passar la flama a una nova generació, arribar a una situació una mica més propera a la independència, en favor de la democràcia. No em sento un líder nacional, com ho va ser Jordi Pujol, president de Catalunya durant vint-i-tres anys. Aquell dissabte no em veig rebutjant la proposta d'Artur Mas, però tampoc a l'alba d'una carrera històrica. A més a més no m'agrada gens la idea dels líders messiànics; la trobo ridícula i, sobretot, antimoderna! D'altra banda, porto dins meu una mena de pulsió anarquista, igual com hi ha una mica d'anarquisme en tots els catalans, tant si són de dretes com si són d'esquerres, tant si són empresaris o polítics com si són músics. Potser és la conseqüència d'aquests tres-cents anys sense poder-nos governar a nosaltres mateixos. Ens hem convertit en electrons lliures.

Efectivament, el meu anhel independentista potser seria una bogeria, com diuen alguns, si fos un projecte personal. Però no ho és. Es tracta d'un projecte col·lectiu que no pertany en absolut als polítics. Aquesta és la veritable dimensió disruptiva del projecte català. El que passa és que coincideix exactament amb el meu projecte personal. Els partits polítics no l'han imposat mai, simplement han acceptat que un moviment social transversal tingui ganes de canviar les coses. Potser té a veure amb aquesta pulsió anarquista tan present a Catalunya, aquesta tendència a no contemporitzar amb l'Estat. Els responsables polítics accepten que el Govern i el Parlament siguin el reflex de la voluntat popular. Sempre que aquesta sigui democràtica i pacifista, esclar, i en el marc dels Drets Humans: jo no hauria acceptat mai liderar una onada que reclamés la legalització de la pena de mort, per més que el poble l'hagués votat en un plebiscit. Va en contra dels Drets Humans. De vegades ens acusen de populisme. Això sí que no, sisplau! La població catalana és madura, preparada, formada i multicultural; té una economia oberta al món, amb un índex de creixement superior a la mitjana europea, i creu que aquest projecte és bo per a ella. Ja és hora de fer confiança a aquestes societats i de deixar de considerar-les amb la mirada de fa un segle. Abans era molt fàcil manipular una opinió pública, però actualment és tan senzill entrar en contacte amb altres societats, amb altres països, que la gent pot decidir anar a l'una sense haver de demanar permís als partits polítics; pot intercanviar punts de vista. Hi ha prou garanties perquè un moviment popular com el de Catalunya no sigui el resultat d'una manipulació populista. Jo només haig de posar una veu i una cara a aquesta aspiració popular. A Europa de seguida es redueix tot a populisme, quan una cosa no agrada. Entre la gent que va votar l'1 d'Octubre del 2017 hi havia arquitectes, metges, empresaris, professors universitaris, paletes i mecànics. Pretendre que era gent manipulada per un mitjà de comunicació o per un líder imbècil és insultar la població catalana. Som una societat de primer ordre a nivell europeu.

L'1 d'Octubre del 2017 la majoria dels catalans –almenys entre els que van acceptar el referèndum que vam organitzar– vota a favor de la independència. Sempre recordaré aquell moment de canvi històric, la victòria de Catalunya contra un estat autoritari que amenaçava d'impedir una votació aprovada per la majoria del Parlament català. És un xoc entre la legitimitat constitucional espanyola –o almenys una visió restrictiva de la Constitució de 1978, perquè molts experts creuen que és possible la consulta– i la legitimitat d'un Parlament català elegit democràticament, amb un programa electoral que afirmava explícitament que es declararia la independència. Vam fer possible l'organització del referèndum en unes condicions molt adverses: la presència de la policia espanyola als nostres carrers, un setge administratiu i econòmic constant sobre el nostre govern, la por que s'intentava inocular... N'estic especialment orgullós, d'això. Orgullós, sí, perquè vam aconseguir organitzar una consulta que semblava impossible, i ho vam fer gràcies a la saviesa popular, a una cadena de voluntaris anònims mobilitzats per a l'ocasió.

La vam fer i la vam guanyar, democràticament. Vam ensenyar la millor cara d'Europa, la d'una persona gran que vota davant la violentíssima repressió de la policia espanyola. És la culminació d'un procés que ve de molt lluny, portat de manera no violenta, amb una votació al Parlament. Quan veig que les institucions europees i alguns estats europeus donen suport a la reacció de l'estat espanyol, penso que això il·lustra de manera més profunda encara el conflicte present arreu entre uns ciutadans que volen expressar-se i uns poders que són incapaços d'escoltar-los. ¿Quina és l'Europa que vol un suec, un polonès o un Estonià? ¿La dels catalans que protegeixen les urnes o la de la policia i el govern espanyol, disposats al que sigui per impedir que la gent voti? Els que boicotegen el referèndum del 2017 al·leguen que l'índex de participació és només del 43%. És veritat. Aquell dia hi ha molta gent de qui no sentim la veu. ¿Però no és una contradicció, donar consignes de no anar a votar i després queixar-se d'això? Tant és: accepto la crítica. Però a les eleccions autonòmiques del 21 de desembre del 2017, imposades per Madrid i marcades per una participació rècord de gairebé el vuitanta per cent de la població catalana, els partits independentistes obtenen una majoria clara. El bloc que formem tots junts suma el 47,5% dels sufragis i conserva la majoria al Parlament, enfront del 43,5% dels partits clarament unionistes. ¿Com es determina quina és la majoria suficient per considerar legítima la voluntat d'independència? És una pregunta important. És cert que en cas que hi hagués un referèndum acordat amb l'estat espanyol, cosa que de moment Madrid es nega en rodó a acceptar, ens hauríem de posar d'acord sobre les majories necessàries per considerar vàlid el resultat, tant pel que fa a la participació com pel que fa al suport a cadascuna de les dues opcions. En totes les converses que hem tingut amb el govern espanyol sempre hem fet referència al model de Montenegro, on es va determinar per endavant que calia una participació mínima (més del 50%) i un suport mínim a l'opció de la independència (més del 55%). Nosaltres no tenim cap problema a acceptar unes condicions similars, sempre que hi hagi el compromís explícit de respectar els resultats i un full de ruta a través del qual Espanya es comprometi a respectar les seves obligacions en cas de victòria del sí.

Sigui com sigui, nosaltres sempre estem disposats a resoldre aquest debat organitzant un nou referèndum, acordat i reconegut per Madrid. ¿Com resol aquesta mena de debats, una democràcia moderna? A través de la política. Així doncs, a les urnes, catalans. Si ens neguen la possibilitat d'organitzar aquest referèndum, reconegut per la via constitucional, ¿com sabrem quina de les dues opcions és majoritària? ¿Així, la minoria contrària a la independència, per essència, té la potestat d'oposar-se a l'expressió d'una potencial majoria independentista? Alguns dirigents europeus afirmen que era irresponsable embrancar-se en aquesta aventura en una Europa que ja està afeblida pel Brèxit. Però Europa i els estats no trobaran mai el moment adequat per acceptar aquesta mena de reivindicacions. Quan hi havia un important creixement econòmic, el món considerava que això podia posar en risc la nostra prosperitat. Després tampoc era el moment per culpa de la crisi econòmica i financera. Després era Europa, la poderosa i gran Europa, que no podia resistir el repte democràtic que plantejava la població catalana. Tot plegat només són excuses per impedir que ens expressem. La pregunta profunda que hi ha al darrere de tot això és si tenim o no tenim el dret de decidir el nostre propi futur, de ser el resultat del nostre propi esforç. ¿Per què hi ha estats més petits que nosaltres que sí que han tingut el dret de proclamar la seva independència? ¿Que potser hi ha una llei divina que els ha tocat només a ells? Durant aquests últims anys n'hi ha hagut uns quants que sí que han pogut fer ús d'aquest dret. ¿A partir de quin moment resulta impossible esdevenir un estat independent i qui té el dret d'impedir-ho? És una pregunta important. El camí que ha triat Catalunya per arribar a la independència és força inèdit.

El precedent de la separació amistosa entre la República Txeca i Eslovàquia podria servir segurament d'exemple. Actualment el que més s'assembla al camí que vol emprendre Catalunya és la via escocesa, amb un referèndum acordat entre totes dues parts. És molt lamentable que gran part dels processos d'independència s'associïn amb conflictes violents. No és l'opció que nosaltres hem fet. Si el missatge que es vol donar a les nacions que volen exercir el seu dret d'autodeterminació és que cal passar per un conflicte violent, quin gran fracàs. Catalunya té dret a l'autodeterminació de manera pacífica. I seria bo per a tothom demostrar que aquesta via europea i democràtica és la pràctica més recomanable per resoldre els conflictes.

La República catalana no pot ni vol ser un estat convencional com Espanya, amb les mateixes pràctiques i la mateixa concepció del poder i de la democràcia, però amb un nom diferent. Si fos així, el suport a la independència seria anecdòtic. En realitat la societat catalana entén que la manera de restablir una democràcia que, a la pràctica, ha corromput els seus pilars fonamentals és a través de la república. Després de quaranta anys de monarquia constitucional, a les deficiències i els dèficits de la monarquia se li han sumat vicis crònics que afecten l'organització territorial de l'Estat, la independència judicial i les llibertats fonamentals. Actualment és evident que la democràcia espanyola té un defecte original: que no ha trencat mai amb el règim franquista i la seva cultura política. I que ha perpetuat un sistema de poder en el qual els ciutadans no tenen cap paper destacat, més enllà de quan hi ha eleccions. La creació d'una república catalana representaria una oportunitat per a la modernització de les institucions i la instauració d'un radicalisme democràtic en la cultura política espanyola; seria un estat modern construït des de baix, a través d'un procés participatiu que portaria a una Constitució amb la participació permanent de la ciutadania. El que nosaltres volem és deixar de ser súbdits d'una corona per esdevenir ciutadans lliures d'una república. Trencar els vincles entre el poder i els sectors socials hegemònics que han condemnat l'estat espanyol a ser un país energèticament inviable, econòmicament sobreendeutat, socialment desequilibrat i democràticament deficient. Involucrar els ciutadans en la cadena de presa de decisions dels governs, fer possible que siguin el fruit dels seus propis esforços i donar-los l'oportunitat de contribuir, com a actors implicats, en la lluita contra el canvi climàtic, els conflictes humanitaris, la pau i el desenvolupament sostenible. Gràcies a les noves tecnologies, aquesta república garantiria sempre als ciutadans el lloc que els pertoca.

La diversitat cultural forma part de Catalunya. Vivim sense cap problema que moltes de les nostres famílies tinguin els orígens, total o parcialment, fora de Catalunya. Segons l'última enquesta del CEO (principis del 2018), l'11% dels catalans es defineixen com a «espanyols només» o «més espanyols que catalans»; el 32,9% se senten «catalans i espanyols», i el 50,9% «més catalans que espanyols» o «només catalans». En aquesta mateixa enquesta, a la pregunta de quina hauria de ser la relació entre Catalunya i l'estat espanyol, gran part dels enquestats creu que Catalunya hauria de ser o bé «un estat en una Espanya federal» (22,4%) o bé «un estat independent» (40,8%). Per tant, la idea que Catalunya sigui un estat (independent o no) és àmpliament compartida per la societat catalana (63,2%), fins i tot entre persones que se senten tan espanyoles com catalanes. Per això insistim tant que el projecte d'una república catalana no es pot basar en les identitats nacionals clàssiques que van acompanyar i forjar els estats-nació del segle XIX, sinó en la idea d'una república ciutadana que reposi en valors compartits que no depenguin de l'origen de les persones. Per a nosaltres la uniformització imposada per les identitats nacionals és inacceptable.

El projecte català no és el projecte d'un polític sol, ni tan sols d'un partit, ni de les institucions. Tot va arrencar amb una onada de mobilitzacions populars per dir que ja n'estàvem farts arran de la sentència del Tribunal Constitucional espanyol del 2010, que tombava tot un seguit d'articles de l'Estatut d'Autonomia de Catalunya i imposava una interpretació restrictiva a la resta. Abans d'això ja ens havíem passat anys intentant resoldre el problema dins del marc de l'estat espanyol. Aquesta sentència es va interpretar com un veritable cop d'estat. Havíem seguit el camí que marcava la Constitució, però ara no es considerava vàlid perquè deu jutges d'un tribunal, elegits per la majoria política del Congrés espanyol, el Senat, el Govern central i el Consell General del Poder Judicial, es van oposar per motius polítics a l'anhel de més autonomia expressat pel nostre Parlament i per la població. Ara com ara Catalunya és l'única comunitat autònoma que es regeix per una llei que no ha estat votada en referèndum per la població. ¿Per què? A partir d'aquest moment, és a dir del 2010, molts catalans que encara creien en el marc espanyol van fer dins seu una declaració d'independència íntima. Personalment, jo sempre he cregut que l'única manera que té Catalunya d'avançar, des de tots els punts de vista, és tenir un estat. Durant molt de temps vaig formar part d'una minoria que defensava aquesta visió, i no em vaig queixar mai pel fet de formar part d'una minoria. No vaig dir mai que un govern català no independentista no era el meu govern. O que no ho era el govern espanyol. Nosaltres continuàvem treballant, però acceptant les regles del joc. Ara la nostra tesi ha esdevingut majoritària entre la població catalana. ¿Per què jo, com a president, hauria d'acceptar que els nostres adversaris rebutgin el que ha decidit la majoria? Només demano que es reconegui la legitimitat del pensament independentista al mateix nivell que la del pensament antiindependentista. Tan senzill com això. És un principi bàsic.

Esclar que sabia que assumíem un risc, organitzant aquest referèndum i declarant la independència. Però era una voluntat que ja havíem expressat clarament en el nostre programa electoral, i les autoritats espanyoles no ens havien prohibit expressar-la. En tant que president, jo era allà només per complir amb un objectiu compartit per la majoria dels partits representats al Parlament català. Sabíem que això podia comportar un conflicte amb Espanya, però no la violència i la repressió desfermada que hi va haver. Ens esperàvem un conflicte de legitimitat constitucional i ens havíem preparat per fer-hi front. Jo, a títol personal, sabia que m'arriscava a un procés d'inhabilitació, però amb la Constitució espanyola a la mà tenia arguments per defensar-me. El que no ens esperàvem és que Madrid respongués amb el Codi Penal i que ens arriscaríem a anys de presó i a un exili forçós. Hauríem pogut trobar una solució, perquè reconèixer un problema polític és el primer pas per trobar-hi una solució. Ens hauríem pogut deixar portar pel diàleg, sense línies vermelles, i veure fins a on arribàvem. Estàvem disposats a tot, fins i tot a canviar d'opinió. És això, la democràcia. Aquesta repressió horrorosa era un dels escenaris possibles, però ens semblava improbable. Ens pensàvem que a l'Europa del segle XXI no podia passar. I tanmateix, ha passat...

2

«El cop d'estat de Madrid»

Els orígens de la crisi

Els partits i les institucions van ser els últims d'afegir-se a la profunda evolució de la societat catalana i a fer-se seu aquest desig d'independència. El món de la política va trigar massa a entendre que la majoria de la població ja no volia tornar a modificar la Constitució per millorar el finançament, sinó un canvi radical de l'estatus de Catalunya i de les seves relacions amb Espanya. Això és el que va expressar votant. No és el fruit d'un moviment ideològic impulsat per un partit. Al contrari: va ser la ciutadania qui ens va obligar a nosaltres, els polítics, a reaccionar. Aquest gir arrenca amb la sentència del Tribunal Constitucional espanyol del 2010. Però per entendre les arrels profundes de la crisi catalana, cal anar enrere en el temps...

L'any 1978, després de la mort de Franco, neix la nova Constitució espanyola. És el resultat d'un pacte polític entre les forces opositores al franquisme, amb els moviments catalans al capdavant, i el règim que ha subsistit a la caiguda de la dictadura: jutges, militars, funcionaris... En aquest moment tots aquests actors decideixen no provocar una ruptura radical, sinó fer una transició suau. Avui hi ha moltes veus que diuen que la línia moderada que es va seguir va ser un error, precisament, perquè va permetre que el franquisme sobrevisqués... Però en aquell context, amb una democràcia que tot just tornava a néixer, semblava la decisió més prudent. Aquest pacte de 1978 inclou un acord en la qüestió territorial, que ha estat sempre el tema més delicat de la política espanyola, en uns termes que avui resulten molt interessants. El text descriu un terreny de joc que permet que cada generació, pràcticament cada govern, dialogui i es posi d'acord a través d'una negociació a dues bandes. Catalunya no és reconeguda directament com a nació, però el text reconeix que Espanya està formada per «regions i nacionalitats». L'element positiu és el reconeixement de realitats gairebé nacionals. L'error, no haver-les identificat aleshores. En aquell moment els redactors d'aquesta primera Constitució democràtica es van imposar expressament aquest límit perquè tenien por que es capgirés la situació, bàsicament amb un cop d'estat militar. Així doncs, van preferir deixar oberta la possibilitat que les futures generacions d'espanyols, educades en democràcia, acabessin de concretar aquesta idea inicial. Així mentrestant podien anar avançant. Aquest mateix pacte de 1978 preveu que les regions i les nacionalitats disposin d'un estatut d'autonomia que seria el resultat –i això és molt important per entendre el que va passar el 2010– d'una proposta formulada pels membres del parlament autonòmic, de l'acceptació d'aquesta proposta al Congrés, i finalment de la ratificació en referèndum per part de la comunitat autònoma en qüestió. L'any 1979 s'aprova en referèndum el primer estatut d'autonomia de Catalunya, on es defineix el nostre autogovern, el nostre marc competencial i el nostre sistema de finançament...

En realitat això entronca amb una legalitat anterior, la de 1931, quan es va proclamar la segona república espanyola. Tres dies abans, el president català Francesc Macià havia declarat la república catalana en el marc de la Federació Ibèrica. Finalment la concreció d'aquesta república catalana no va ser possible i els líders polítics d'aleshores van acabar acceptant un estatut d'autonomia. Aquesta institució, la Generalitat, va ser abolida l'any 1939 per Franco quan va acabar la Guerra Civil, i el govern català es va haver d'exiliar a França. El president, Lluís Companys, va marxar a la Bretanya, va ser detingut per la Gestapo, entregat pels nazis al règim franquista sota l'acusació de rebel·lió, i posteriorment afusellat a Montjuïc el 1940. La resta del govern va marxar a l'exili a Mèxic, a Bèlgica o a França, fins l'any 1977. Un any abans de la Constitució de

1978, el president català a l'exili, Josep Tarradellas, torna a Espanya. Llavors un decret oficial del govern espanyol precisa que la Generalitat de Catalunya i la presidència són institucions històriques de Catalunya. La majoria política sorgida de les primeres eleccions legislatives lliures, organitzades aquell any, reclama el seu retorn. Tot i que encara no hi ha Constitució, aquell govern accepta el restabliment provisional d'aquestes institucions, que després seran regulades per la Constitució. És important recordar-ho: no som el resultat de la Constitució espanyola; molt abans que es redactés ja teníem un marc institucional republicà. No podem oblidar que la Generalitat és una institució que va néixer el 1359.

Les institucions restaurades comencen a treballar, però el 23 de febrer de 1981 un cop d'estat militar agafa tothom per sorpresa a Madrid. Un grup de guàrdies civils pren provisionalment el Congrés dels Diputats davant la mirada de les càmeres de televisió. Un dels motius d'aquest cop d'estat és precisament el procés de devolució de competències a Catalunya i el País Basc. És una època terrible. ETA està matant prop de cent persones cada any. Els militars, majoritàriament franquistes, estan neguitosos i decideixen passar a l'acció. Malgrat que el cop d'estat fracassa, els grans partits polítics, el Partit Socialista (PSOE) i la Unió de Centre Democràtic (la UCD, una coalició de centre que aplega una quinzena de partits cristianodemòcrates, socialdemòcrates, liberals i regionalistes) comencen a retallar aquest estatut d'autonomia i a reduir-ne l'abast. Presenten una Llei orgànica d'harmonització del procés de descentralització (la LOAPA), que després serà suspesa pel Tribunal Constitucional, però cada llei orgànica, cada nou sistema de finançament està pensat per limitar l'autonomia que atorga la Constitució. Així, si d'acord amb els termes de la Constitució de 1978 no hi ha límits, amb el temps l'estat espanyol va imposant la seva visió restrictiva de l'estatut inicial. En aquell moment, però, la majoria de catalans accepta que cal temps i juga la carta de la governabilitat de l'estat. Espanya està en perill tant pel que fa a una represa del control per part dels militars com pel terrorisme d'ETA al País Basc, i fins i tot d'una depressió econòmica. Els catalans decideixen ser responsables. Preconitzen la democratització i la modernització d'Espanya. Al mateix temps contribueixen al procés d'adhesió a la Comunitat Europea. Estan fermament convençuts que si a Espanya li van bé les coses a Catalunya també. És una decisió conscient. Durant aquests anys la minoria catalana al Congrés espanyol, formada per nacionalistes tradicionals, dona suport al govern espanyol quan cal per a l'aprovació dels pressupostos o per acostar-se a Europa. L'any 1986 Espanya s'integra al Mercat Comú. Aquesta situació s'allarga fins al 1995: Catalunya continua donant suport a Espanya per avançar cap a Maastricht i per a l'entrada a l'euro.

És el president espanyol José Maria Aznar qui ho canvia tot. La seva arribada al poder, l'any 1996, amb el Partit Popular, marca l'inici d'una involució. Sobretot a partir del 2000, en què obté la majoria absoluta. Segons ell el procés de devolució ha anat massa lluny i amenaça la unitat nacional. Creu que Espanya ha de tornar a ser una nació poderosa, com ho va ser en època de Franco, amb un projecte internacional. Aznar decideix jugar la carta de l'acostament al president americà, George W. Bush, i al primer ministre britànic, Tony Blair. S'implica en la Guerra de l'Iraq i creu que Espanya ha de participar del lideratge mundial. Aquest sentiment de poder es veu reforçat per l'extraordinari desenvolupament econòmic d'aquells anys, encara que tingui una base especulativa. Tot el procés va acompanyat d'una política qualificada de «catalanofòbica». M'enrecordo perfectament de les eleccions de 1995: la multitud que celebrava la victòria del Partit Popular, a Madrid, corejava eslògans contra Catalunya i contra el president d'aleshores, Jordi Pujol, a qui cridaven «Pujol, enano, habla castellano!» José María Aznar revifa una cosa que estava soterrada en la societat espanyola, la històrica confrontació frontal entre Espanya i Catalunya. Això ho esquerda tot. A partir d'aquest moment, entre els nostres comença a créixer el sentiment que és impossible entendre's amb el govern espanyol mentre al capdavant hi hagi líders que es neguin a escoltar-nos, que pretenguin recentralitzar competències i tallar-nos el finançament. Ens preguntem com hem de reaccionar. Encara no es parla d'independència. Només demanem canviar l'Estatut d'Autonomia. El procés de negociació comença al Parlament l'any 2005 entre els nacionalistes catalans, els independentistes i els socialistes espanyols de José Luis Rodríguez Zapatero, que després del atemptats islamistes del 2004 han recuperat el poder a Madrid. Finalment obtenim un acord amb una majoria de dos terços, com estipula la llei. El fruit d'aquesta negociació blinda per escrit tot el que el govern Aznar ha anat potinejant durant tots aquests anys: determina les competències i els mitjans de finançament, modernitza les relacions amb Espanya tenint en compte les noves tecnologies i la Unió Europea, preveu polítiques antisexistes o de gestió de la immigració... És un text positiu, per a una Catalunya moderna en una Espanya moderna! A mi, en tant que independentista, el text aprovat pel Parlament català m'agrada. Sí, el que jo voldria és la independència, però entenc que la majoria de catalans es facin seu aquest text, que contribueix a reforçar els vincles de Catalunya amb Espanya. Després d'una dura negociació amb el govern socialista de Zapatero, i de sotmetre el text a modificacions substancials, finalment és aprovat al Congrés dels Diputats. La població catalana el ratifica en un referèndum legal i l'estat espanyol el promulga. És, per tant, un text vàlid, encara que a última hora jo vaig decidir votar en blanc perquè els canvis que s'hi havien introduït després de la negociació amb el govern espanyol em semblaven excessius. Però bé, em sembla un punt de parada per a una generació i l'accepto com a tal...

¿Què passa llavors? Una cosa molt greu que és vista com un cop d'estat per la majoria dels catalans i també per experts constitucionalistes espanyols independents. El Partit Popular, ferit perquè ha estat apartat del poder després dels atemptats de Madrid del 2004, ha intensificat encara més la seva política de catalanofòbia i ha recollit signatures per tota Espanya contra l'Estatut d'Autonomia català. Hi ha manifestacions als carrers per obtenir suport a aquesta iniciativa. Mariano Rajoy, que en aquest moment ja dirigeix el Partit Popular, aspira a ser el nou president d'Espanya. De manera conscient, alimenta aquest sentiment anticatalà per atacar el Partit Socialista, al poder. Finalment es recullen quatre milions de firmes per reclamar la supressió de l'Estatut d'Autonomia. És un atac en tota regla contra Catalunya. Emparats per aquests suports, presenten un recurs al Tribunal Constitucional.

El Partit Popular aprofita que té una majoria favorable al tribunal i el 2010 aconsegueix una sentència que anul·la els principals articles del nou Estatut d'Autonomia: la definició de Catalunya com a nació, l'ampliació de competències, el sistema de finançament... La sentència determina també com s'han d'interpretar els articles que sí que són vàlids. De cop i volta l'enorme esforç fet pels parlaments català i espanyol no serveix de res. És una situació inèdita: deu persones anul·len en un moment l'aprovació d'un text en referèndum. És una ferida definitiva que deixa en no res les importants concessions fetes per la població catalana. Així doncs, jo, en tant que independentista, ¿havia acompanyat tot aquell procés per arribar a aquell punt? En aquell moment Catalunya es converteix en l'única comunitat autònoma que es regeix per un text que no ha estat aprovat per la seva gent. És una contradicció claríssima amb el corpus legislatiu de la Constitució, segons el qual l'última etapa del procés de decisió és el referèndum. La primera gran manifestació sobiranista catalana data precisament del 2010, en reacció a aquesta sentència. La majoria dels catalans no entenen aquesta decisió, presa per una minoria de jutges, quan s'han respectat escrupolosament totes les regles del joc. En aquest moment molts catalans fan el que jo en dic una «declaració íntima d'independència». Es diuen a ells mateixos que és del tot impossible entendre's amb un govern espanyol tan intransigent. És la bufetada final després d'una campanya d'humiliació contra nosaltres. Per plantar cara a aquest afront, la gent decideix que cal agafar un altre camí. Encara no optem per la independència, sinó que posem al davant de tot el dret de decidir el nostre propi destí, de tenir un estat propi, que no vol dir necessàriament un estat independent: pot ser un estat associat o un estat federat. En qualsevol cas, un estatus diferent i l'establiment d'una relació bilateral amb Espanya. En aquest moment és una voluntat compartida per molta gent a Catalunya, incloent-hi no independentistes, que han fet seva la idea que l'única manera de tenir una bona relació amb Madrid és tenir-hi un tracte d'igual a igual. L'objectiu és preparar el terreny d'una millor entesa amb Espanya, perquè és evident que ja no ens entenem. Així doncs, sorgeix la idea de convocar un referèndum per decidir el nostre futur. Les eleccions catalanes del 2012 confirmen que la gran majoria de la població dona suport a aquesta idea d'una consulta popular. Nosaltres estem disposats a negociar amb l'estat espanyol el text de la pregunta. Ells, per la seva banda, haurien pogut proposar tornar a l'estatut d'autonomia tal com era abans de la sentència del Tribunal Constitucional. ¿Per què no? La idea era que l'última paraula l'havia de tenir la població, i no el Tribunal Constitucional.

Abans d'aquesta consulta, el meu predecessor, el president Artur Mas, proposa a Mariano Rajoy, que ara és president d'Espanya, un acord fiscal similar al que Espanya ja va concedir fa temps al País Basc: Catalunya recaptaria els seus impostos i pagaria una quota a Espanya. La Constitució ho permet clarament, ja que en el cas del País Basc es fa així. D'aquesta manera rebríem el finançament que ens correspon, sense deixar de ser solidaris. Si Mariano Rajoy hagués acceptat, hauria estat un senyal de bona voluntat. El senyor Mas va a Madrid i fa aquesta petició de manera formal, però la resposta del govern central és no. No en volen ni sentir parlar. Després d'aquest nou cop de porta, preparem la primera consulta no vinculant sobre l'autodeterminació de Catalunya. Es tracta d'una pregunta amb dos apartats. Primer de tot es pregunta a la ciutadania si «vol que Catalunya esdevingui un estat». Si la resposta és afirmativa, se'ls fa una altra pregunta: «¿Vol que aquest estat sigui independent?» Per tant deixa la porta oberta a una solució federal o confederal. La consulta se celebra el 9 de novembre del 2014. Però el govern espanyol la prohibeix, amb el concurs del Tribunal Constitucional. Els principals responsables del govern català són acusats de desobediència, condemnats i inahabilitats per exercir un càrrec públic o presentar-se a unes eleccions. A més a més han de pagar una sanció de cinc milions d'euros perquè estan acusats, encara que no condemnats, de malversació. En el moment d'escriure aquestes ratlles al meu predecessor encara li poden embargar la casa si no paga íntegrament aquesta multa. I tot això només per una consulta popular no vinculant que en el fons no era més que un sondeig d'opinió a l'engròs.

Des del 2012, cada diada més d'un milió de persones surten al carrer per participar en una mobilització diferent cada any –una cadena humana que travessa el país de nord a sud, una ve baixa gegant de «votar» i de «victòria» a Barcelona...– per reclamar que se'ls reconegui i que se'ls deixi votar quin futur volen. Mentrestant a Madrid no hi ha cap resposta. Res. No volen parlar. Una delegació del Parlament es presenta fins i tot al Congrés per demanar que se'ns deixi organitzar legalment la consulta. Es produeix una votació al Parlament català: 87 diputats voten sí a aquesta petició, cosa que representa una àmplia majoria política i social. La resposta sempre és no. El 2012 neix l'Assemblea Nacional Catalana, que, més enllà dels partits polítics, fa pressió per començar a caminar cap a un estat independent. Això provoca un trasbals en la política catalana que queda reflectit a les urnes. Sense aquest suport ciutadà, jo no hauria pogut ser elegit president de Catalunya, amb un programa electoral com el meu. A les eleccions del 2015 els partits independentistes treuen majoria absoluta al Parlament. És el primer cop que passa. En el moment de la sentència del Tribunal Constitucional, i fins al 2012, al Parlament només hi havia catorze diputats independentistes. Cinc anys després, en som 72! Així és com ha canviat la societat catalana a causa de l'obstrucció permanent de Madrid. De vegades em refereixo a Mariano Rajoy com el «Doctor No», per la pel·lícula de James Bond, perquè sempre es negava a dialogar amb nosaltres, tot i que es veia clarament que hi havia un problema. L'expresident espanyol és nascut a Galícia, que també està reconeguda com una «nació» d'Espanya, tot i que no hi ha una majoria independentista. Mariano Rajoy bàsicament està en contra de la idea de diversitat nacional. Durant aquests anys, entre el 2011 i el 2015, el meu partit reivindica que Espanya ha d'evolucionar cap a un estat plurinacional. No tenim res en contra d'Espanya en si. Un estat és abans que res una eina, recursos; no té cap sentit reclamar un estat independent si es pot actuar a dins del marc espanyol. L'únic que volem és que es reconegui la nació històrica catalana. És precisament una de les grans frustracions del moviment català des de fa un segle: hem treballat sense treva per la democratització i la modernització del marc espanyol amb l'esperança que així finalment l'Estat seria capaç de reconèixer la seva diversitat. Però Espanya no ho ha entès mai.

El franquisme continua estant profundament arrelat al si de l'estat espanyol, sobretot pel que fa al poder judicial, absolutament polititzat. El Partit Popular, fundat el 1989 per Manuel Fraga, antic ministre de Franco, ja s'ha guardat prou des de llavors de controlar el sistema a través del nomenament dels jutges. A Espanya no hi ha separació de poders! Ara ens adonem de fins a quin punt ha fracassat el règim de 1978. No hi ha hagut cap mena d'anticipació dels problemes, cap voluntat d'integrar els catalans com a part de la solució. Hem estat estigmatitzats, demonitzats, i ara criminalitzats. Tot per liquidar definitivament la reivindicació històrica de Catalunya. És evident que la unitat d'Espanya està per sobre de la democràcia, de la Constitució i del dret internacional. No, no hi ha una separació de poders eficaç i sòlida. L'informe del Grup d'Estats Contra la Corrupció del Consell d'Europa (el GRECO) assenyala tot un seguit de deficiències en el sistema de nomenament de la cúpula judicial a Espanya i recomana millores –que a dia d'avui encara no s'han fet– per garantir la independència judicial i la lluita contra la corrupció. El dret al jutge natural, reconegut per la Constitució, entra en contradicció amb l'existència d'un tribunal absolutament atípic com l'Audiència Nacional, creada el mateix dia que se suprimia l'antic Tribunal de l'Ordre Públic (el temut TOP, responsable de les condemnes a mort del franquisme i de la persecució de la dissidència política). Els jutges del Tribunal Suprem els nomena el

Consell General del Poder Judicial sense cap concurs especial ni en base a cap mèrit. Els vint membres d'aquest Consell General són nomenats directament per la majoria política del Congrés espanyol i del Senat, que s'alterna sempre entre el PP i el PSOE (al Senat gairebé sempre és el PP). Un jutge no pot accedir al Tribunal Suprem sense el vistiplau del Consell General del Poder Judicial, i per tant sense un consentiment polític. Després de molts anys d'hegemonia conservadora a la política espanyola, tota la cúpula judicial ha estat nomenada per aquesta majoria. El cas del jutge Llarena n'és un exemple claríssim: arriba al Suprem després de presidir l'associació de jutges més conservadora d'Espanya (APM), amb els vots dels membres del Consell General del Poder Judicial nomenats pel PP, sense necessitat de demostrar cap altre mèrit professional. El Tribunal Constitucional pateix del mateix mal, de manera que és impossible que la majoria de jutges del Tribunal Constitucional no sigui nomenada per la majoria política espanyola. De fet només cal llegir les sentències que s'han redactat pel que fa al nostre cas per comprovar que tant la manera d'escriure-les com el concepte expressen una intenció política claríssima. I la impotència és total, perquè no podem esperar una justícia equitable fins que la justícia europea faci públic el seu veredicte, en un procés que dura molts anys i que costa molts diners.

Quan arribo a la presidència, el gener del 2016, el full de ruta està clarament explicat al meu programa: preveu l'aprovació de les lleis de transitorietat nacional, la declaració d'independència i un referèndum per aprovar la Constitució. Tot això ha de passar en divuit mesos. En acabat, està previst que es convoquin unes eleccions constituents. Tot això ho anuncio durant el meu primer discurs. I aquest discurs és aprovat perquè a Catalunya l'aprovació del programa del Govern va lligada al nomenament de president. Jo em comprometo a obeir i servir aquest mandat parlamentari de manera clara i transparent. No és cap complot, no és cap sedició ordida a l'ombra, de manera clandestina. No, tot això es va anunciar al faristol del Parlament. En aquell moment a Madrid la majoria dels polítics espanyols s'arronsen d'espatlles, pensant-se que tot plegat acabarà «com sempre», demanant una millora del finançament per a Catalunya. La voluntat d'independència és vista com un mitjà de pressió, simplement. Els més inquiets diuen que potser ha arribat el moment de canviar la Constitució. D'acord, però quan els pregunto quines propostes tenen, no rebo cap resposta. Estic disposat a participar en les converses, encara que PP i PSOE tinguin la majoria necessària entre tots dos, però l'oportunitat no arriba mai. Durant aquest període organitzo reunions amb tots els líders dels partits polítics espanyols. Vaig tres cops a Madrid a fer conferències on reclamo incansablement el diàleg. Publico textos a la premsa espanyola que van també en aquest sentit. Finalment, poso sobre la taula del Parlament l'organització d'un referèndum sobre la independència i proposo al Govern espanyol que ens posem d'acord en tot: la pregunta, amb totes les fórmules possibles, des de la independència a major autonomia; la data, que pot ser entre el 2020 i el 2025; el tipus de majoria necessària... Fins i tot estem disposats a acceptar que aquesta consulta resolgui les coses d'una vegada per totes, durant una generació, sigui quin sigui el resultat. No em canso de proposar tot això en totes les meves intervencions públiques, tant a Catalunya com a Espanya. Em trobo amb Mariano Rajoy en dues ocasions. L'última, en un dinar a soles al Palau de la Moncloa. L'ambient és agradable i la conversa molt correcta. Jo li exposo el nostre desig d'organitzar un referèndum sobre la independència però li demano també quina proposta té ell, per veure sobre quina base podem començar a treballar junts. Ell em proposa... l'estatus quo, potser amb alguna modificació, al nostre parer mínima en un estat tan complex com Espanya. ¿Petits canvis en un estatus quo que no funciona? Nosaltres creiem que això només pot portar al fracàs. Llavors li anuncio que organitzarem un referèndum, encara que hagi de ser sense el seu acord. «No ho fareu, no és possible;

ho impediré», em replica. «Sí, ho faré perquè és el compromís que he adquirit davant dels meus electors.» Després d'una pausa dramàtica, m'etziba unes paraules que a un demòcrata li resulten molt doloroses de sentir: «Ni puedo, ni quiero!» Aquesta és la seva última paraula. No està disposat, doncs, a acceptar que hi ha un problema polític, encara que només sigui per parlar-ne. És negació pura i simple. Llavors li recordo el que va passar l'any 1977. Aleshores el president català va tornar de l'exili sense que hi hagués una llei que li permetés fer-ho; el Govern espanyol ho va voler i ja està. Era una solució política provisional a un problema reconegut, perquè hi havia la voluntat de trobar una solució. Un dia, un líder liberal molt respectat, dinant a Madrid, em va dir: «En democràcia, el dret a no dialogar ja no existeix.» Dialogar és una obligació! Trobo que és una opinió molt interessant, i fins i tot la faig servir a l'últim article que publico abans del referèndum, amb el vicepresident Oriol Junqueras i el conseller d'Exteriors Raül Romeva, al diari *El País*. Però no hi ha res a fer.

Després d'aquesta trobada a la Moncloa el diàleg amb Mariano queda interromput, almenys pel que fa al problema polític que hi havia a Catalunya. No tornem a parlar fins a la inauguració del Saló de l'Automòbil, però ell esquiva sempre el tema conflictiu. Em parla de futbol.

L'últim cop que parlem és durant els atemptats del 17 i 18 d'agost a Barcelona. El procés cap a la independència ja està en marxa, però encara puc aturar la preparació del referèndum en qualsevol moment, si és per facilitar un pacte. Ho repeteixo moltíssimes vegades, fins a l'últim dia: Mariano Rajoy té la clau del diàleg. Però ell continua entossudit en aquelles paraules: «Ni puedo, ni quiero!» Molt propi del personatge, que té molta tirada per les frases taxatives, absurdes i incomprensibles. En el fons no és més que el portaveu d'aquest «estat dins de l'estat» que són els alts funcionaris, els magistrats, les grans empreses pròximes als cercles polítics, els representants de l'Església... Els mateixos actors de sempre, tant si hi ha dictadura com si hi ha democràcia.

El 6 i 7 de setembre del 2017, a manca de diàleg, aprovem les lleis relatives al referèndum i a la transició nacional. Hi havia una altra manera de fer les coses dins del marc polític espanyol, organitzant una consulta no vinculant, però no ho vam poder fer perquè ens va faltar l'acord de la majoria a Madrid. Així doncs, decidim fer-ho basant-nos en la legalitat catalana, afirmant molt clarament en la Llei de transició què suposaria una victòria del sí. En totes les meves compareixences al Parlament, cada quinze dies, continuo deixant la porta oberta a un pacte d'última hora, encara que Rajoy m'hagi deixat clara la seva negativa. Perquè crec que Espanya no és només Rajoy i que hi ha una gran diversitat d'opinions. Mentrestant anem preparant tot el que cal per al referèndum de l'1 d'Octubre, que no és una tasca fàcil, sobretot perquè es tracta d'evitar que l'Estat impedeixi que es pugui fer. Organitzem la participació de la societat civil, fidels a la manera com volem construir un país, a partir d'un vincle permanent amb la ciutadania. No se'ns permet fer servir el cens electoral oficial, per exemple. I, per evitar un vici de procediment, no ho fem. Al Parlament, l'oposició unionista –Partit Popular, Partit Socialista i Ciudadanos– posa en marxa una operació amb l'objectiu d'embrutar la nostra operació posant el crit al cel i convertint la sessió parlamentària en una olla de grills. Ni tan sols intenten respondre amb arguments polítics. Només es dediquen a insultar i amenaçar per desacreditar la decisió de la majoria dels parlamentaris catalans. Durant aquests dies els diputats de l'oposició negligeixen el seu deure i es comporten com actors dirigits pel govern espanyol. Des d'un punt de vista democràtic és molt dubtós, perquè rebutgen, sense donar cap argument, que es consulti l'opinió de la ciutadania. Però aconsegueixen crear una percepció molt negativa acusant-nos de saltar-nos les lleis. Personalment, no estic gens satisfet d'aquelles llargues hores de no-debat. No retrec a l'oposició que s'oposés a la independència –hi tenia tot el dret–, sinó que s'oposés a la democràcia. El boicot de l'oposició unionista rep el suport de l'aparell de l'Estat i de tots els mitjans espanyols, tot i que no respecta en absolut l'autoritat del Parlament. L'objectiu d'aquests partits és donar una imatge del Parlament català comparable a la d'un país no democràtic on els parlamentaris acaben arribant a les mans. La nostra consigna és mantenir la calma, asseguts, serens i respectuosos, per més que intentin provocar-nos. Es tracta d'una votació indispensable si es vol convocar un referèndum. En tot moment intento que es respectin dos principis que per a mi són sagrats: el caràcter no violent del procés i la referència permanent a un marc legal català, encara que aquesta legitimitat pugui ser contestada. No cometem un acte de desobediència, com se'ns acusarà més tard. Jo vaig firmar la convocatòria del referèndum abans que la llei quedés suspesa. Es va fer tot d'acord amb la legalitat.

Són uns dies de moltíssima tensió. Les amenaces de l'estat espanyol es multipliquen i es comença a parlar ja de la suspensió de l'autonomia catalana, de detencions, de condemnes... Arriben reforços policials en vaixell: al setembre, abans del referèndum, ens envien deu mil agents de reforç. Deu mil! A la televisió espanyola es veuen imatges de vehicles marxant de les seves casernes, envoltats de gent amb banderes espanyoles acomiadant-los amb crits de suport com si anessin a la guerra en missió especial. Jo no tinc la sensació d'estar involucrant la població en una cosa perillosa. Estic respectant el compromís d'actuar en el marc de la voluntat majoritària al si del Parlament. Aquesta estratègia basada en la violència i l'agressivitat l'adopta només el govern espanyol. ¿Ell s'ho pregunta, cap a on està empenyent la seva població, atiant el patriotisme espanyol? ¿Per què la genera, aquesta violència? Per a nosaltres és delirant, perquè l'únic que volem és saber què pensa el poble de Catalunya a través d'una votació amb totes les garanties. I com més autoritari és l'estat que tenim al davant, més determinats estem a fer-ho. No hi ha cap futur, amb un estat que actua amb aquesta pulsió gairebé militar. És un moment d'estupor. Les autoritats espanyoles són irresponsables, atiant el foc d'aquesta manera. No és una reacció intel·ligent. Quan la teva parella comença a enviar senyals que et vol deixar, ¿el més lògic no és dir-li que l'estimes i que la tens en compte? Quan hi ha un problema, la responsabilitat dels polítics és intentar trobar-hi una solució democràtica i racional. La gran majoria de la població catalana ja no accepta el nivell d'autonomia que tenim en aquest moment; una part important vol la independència: si això no és un problema polític, ¿què és? La manera més serena de sortir d'aquesta situació no és, segurament, enviar deu mil policies, com fan ells, pagant-los a més a més una prima per encoratjar-los. No, no és una resposta assenyada. Ens podem equivocar de solució política, fins i tot estic disposat a considerar que la independència no és l'única solució possible. Accepto la idea! Però parlem-ne, almenys!

Hi ha qui considera que Espanya és un país intocable, com França. Que a l'Europa del segle XXI Espanya no es pot tocar. ¿Però qui ho decideix, això? ¿Qui decideix que un país és un país i un altre no ho pot ser? ¿És el resultat d'una improbable llei divina? Les Nacions Unides reconeixen el dret a l'autodeterminació dels pobles. L'article 10 de la Constitució espanyola diu que «les normes relatives als drets fonamentals i a les llibertats que aquesta Constitució reconeix s'interpretaran d'acord amb la Declaració Universal dels Drets Humans i dels tractats i acords internacionals sobre aquestes matèries ratificats per Espanya». Més específicament, l'article 96 subratlla que «Els tractats internacionals vàlidament celebrats, un cop publicats oficialment a Espanya, formaran part de l'ordenament intern». Entre aquests tractats hi ha el Pacte Internacional dels Drets Cívics i Polítics, signat per Espanya l'any 1976, segons el qual «tots els pobles tenen dret a l'autodeterminació». El text especifica: «En virtut d'aquest dret, poden determinar lliurement el seu estatus polític i decidir el seu desenvolupament social, polític i cultural.» L'article 21 de la Declaració Universal dels Drets Humans preveu també que la voluntat dels pobles és el fonament de l'autoritat d'un estat. És això, el que nosaltres demanem: saber quina és la voluntat de la població catalana; i si aquesta s'expressa a favor de l'autodeterminació, treure'n les conclusions pertinents i crear un país. Un estat independent no es construeix amb una vareta màgica, sinó sobre la base de la voluntat dels ciutadans. ¿I com s'expressa aquesta voluntat en democràcia? A través del vot!

3

«Som pragmàtics, no nacionalistes.»

La responsabilitat de Madrid

Estic d'acord amb aquella frase que va dir l'expresident de França François Mitterrand: «El nacionalisme és la guerra.» Comparteixo la idea que el nacionalisme, tal com s'entén a Europa, és un dels culpables dels pitjors crims contra la humanitat que es van cometre el segle passat. No hem d'oblidar mai l'holocaust, provocat pel nacionalsocialisme. Els nacionalismes imperialistes, excloents, xenòfobs, racistes, violents i militars necessiten negar l'altre per existir. Són un horror. Són la negació de la humanitat.

Afortunadament, el nacionalisme català no ha tingut mai aquesta visió. Sí que hem de tractar, però, amb un nacionalisme espanyol que en el passat va ser imperialista i que encara ara exclou la identitat catalana. El govern que hi havia a Madrid en el moment del referèndum continuava sent partidari d'un patriotisme orgullós i agressiu. De fet hi ha molts estats europeus que adopten actituds marcadament nacionalistes, orientades a la defensa de la bandera i les fronteres. Aquest nacionalisme d'estat fins i tot està emparat per les seves lleis. El Codi Penal espanyol, per exemple, parla de la «pàtria» i de «traïció a la pàtria», dos conceptes propis d'una visió molt nacionalista. El moviment que s'ha anomenat *catalanisme*, i que actualment preferim anomenar *sobiranisme*, no s'ha basat mai en la negació de l'altre o en la voluntat d'imposar la seva llei invocant una suposada superioritat moral o la «puresa de la raça». Ja fa segles que sabem que la raça catalana no existeix. Des dels seus orígens Catalunya s'ha enriquit amb les aportacions de la immigració: grecs, romans, jueus, àrabs, indoeuropeus, francesos, andalusos, gallecs, extremenys, murcians... Ha estat així sempre. Afortunadament, d'altra banda. No, el que anomenem identitat catalana no es basa en la idea d'un «poble elegit». Nosaltres tenim una concepció cívica de la identitat. Això també s'explica per raons històriques. El 1715, després de la derrota contra l'exèrcit espanyol, als catalans se'ls va prohibir fer política. Per això aquesta identitat s'ha expressat al llarg dels segles a través de la cultura, la llengua i la creació artística. Aquest moviment artístic sempre va anar molt unit als grans corrents modernitzadors europeus, amb qui compartien la idea de la necessitat de transformar la societat. La burgesia catalana va dedicar tot el seu talent, tots els seus esforços i tot el seu desig de solidaritat a millorar la potència cultural de

Catalunya. Això és el que explica les onades de creativitat d'abans de la Primera Guerra Mundial i d'entreguerres que van donar forma a la riquesa de Barcelona.

Tenim la sort de ser el resultat d'una fantàstica barreja ètnica i cultural. I n'estem orgullosos, perquè és una vacuna contra la xenofòbia. Això ens permet ser, des de sempre, una terra oberta i d'acollida, disposada a fer negocis amb el món sencer, a integrar-se arreu i a rebre migrants d'arreu. Sense conflictes, perquè, si ens mirem al mirall, nosaltres mateixos som el fruit d'aquest mestissatge. No hem pensat mai en un imperi català que es cregués amb el dret de dominar altres pobles o d'imposar la seva llengua als altres, com van fer els espanyols o els francesos amb els catalans, els occitans, els bretons, els bascos o els corsos. Des del nostre punt de vista, és legítim fer-se aquesta pregunta: ¿qui són els nacionalistes?

En la majoria de casos els actuals estats nació, en el seu origen, no són el resultat d'una decisió democràtica, sinó d'una barreja d'interessos politicoeconòmics i de guerres. Són el fruit de la força demogràfica o territorial o de la possessió de matèries primeres. No hem triat mai lliurement si volíem ser espanyols o francesos. No hi ha hagut mai cap votació ni cap referèndum on se'ns demanés la nostra opinió. Bé tenim el dret, doncs, de preguntar-nos si aquest model d'estat nació no està obsolet, si és encara vàlid per gestionar els interessos de les societats cosmopolites, multiculturals i globalitzades a l'era digital i de les noves tecnologies. No és cap crim, preguntar-se això. No estem qüestionant cap cosa sagrada... Nosaltres estem convençuts que és possible trobar un altre marc institucional que respongui millor als reptes que ens planteja el futur. Molts petits estats han demostrat que són eficaços i que poden millorar la qualitat de vida dels seus ciutadans, en un entorn més democràtic i amb una economia més oberta. Els paràmetres que determinen el poder dels estats han canviat, en plena quarta revolució industrial: ara són el coneixement, la tecnologia, el valor afegit, el *big data*, la intel·ligència artificial... i no només l'exèrcit o l'extensió territorial, com abans. Un país de 7,5 milions d'habitants com Catalunya és perfectament capaç de respondre de manera eficaç a les necessitats dels seus habitants. A més tenim un PIB superior a més de la meitat dels països europeus. El que demanem és que ens deixin millorar el dia a dia dels nostres ciutadans i contribuir a la modernització d'Europa o del planeta gestionant el fruit del nostre esforç i dels nostres recursos. Només això. Si fos possible fer-ho com nosaltres volem a dins del marc espanyol, no demanaríem tenir un estat. Però no ho és. Hi ha qui pensa que la política mundial està cada cop més dominada per les superpotències, que l'única manera que tenen els petits estats de mantenir-se en peu a l'escena mundial és unint-se (en termes de diplomàcia, de defensa i de relacions econòmiques) per assolir la mateixa escala que les grans potències. Però la lògica de les superpotències és precisament la menys favorable per a la pau mundial, per a la lluita contra el canvi climàtic i per al desenvolupament sostenible. Actualment els estats de dimensions modestes són la millor vacuna contra els riscos d'una globalització sense ànima i dominada per les grans potències. I, gràcies sobretot a la tecnologia, al coneixement i a la mobilitat, estan en condicions d'intervenir en aquests debats, cosa que fins ara era impensable. Un petit estat pot gestionar segons quines competències molt més eficientment que una superpotència, pot garantir millor els drets dels seus ciutadans i pot fer una contribució positiva per al món. És cert que hi ha problemes que exigeixen federar els esforços, però és igual d'indiscutible que l'avenç del coneixement, de la tecnologia i de la societat relativitzen la importància que tenien aquestes qüestions fins ara. Un petit estat punter en tecnologia pot ser extremament eficaç en la lluita contra la guerra informàtica, per posar un exemple.

Hi ha qui denuncia, no només en el nostre cas, sinó també en d'altres, que hi ha un «nacionalisme de rics». Em revolta aquesta acusació tan injusta. No ens hem negat mai a ser solidaris. És perfectament possible ser ric i autònom i al mateix temps ajudar els altres. Però aquesta solidaritat ha de ser voluntària i hem de poder decidir de quina manera volem exercir-la. Triant les nostres prioritats. Crec que per a Catalunya, per exemple, és essencial gestionar la immigració d'una manera correcta i humana, ser pionera en la lluita contra l'escalfament climàtic o prioritzar el desenvolupament de les noves tecnologies. I no, per posar només un exemple, beneficiar el cultiu intensiu i ineficaç o fer un ús il·limitat de l'aigua. Acusar a priori els rics de ser insolidaris és injust, és una *fake new*, i en el cas dels catalans és una injúria. Hem dit explícitament, ho hem escrit i ho hem votat al Parlament, que volíem continuar sent solidaris amb Espanya, evidentment, i també amb Europa. Som contribuïdors nets al pressupost europeu. El problema és que després del repartiment dels impostos a Espanya, Catalunya és clarament menys rica del que hauria de ser. El que rep cada català és inferior al que reben la majoria d'espanyols. Generalment es calcula que el dèficit fiscal de Catalunya és d'uns setze mil milions d'euros, al voltant del 8% del PIB català. Catalunya representa el 16% de la població espanyola i el 19% del PIB. L'any 2013 les inversions de l'Estat a Catalunya van representar el 9,3% del total de la inversió autonòmica; el 2014 no van passar del 7,2%, i el 2015 es van quedar en el 8,5%. El grau d'execució dels crèdits pressupostaris a Catalunya sempre és inferior al nivell mitjà d'execució a escala estatal (el 2015 va ser del 70,8%, mentre que la mitjana espanyola era del 82,9%, segons dades del Ministeri d'Hisenda i Administracions Públiques). Això va en contra del principi d'«ordinalitat», en virtut del qual cada comunitat ha d'ocupar el mateix lloc a la taula abans i després de fer la seva aportació a la caixa comuna. A Alemanya aquest principi és sagrat. A Espanya la llei també el recull, però a la pràctica no s'ha aplicat mai. No m'agradaria que se m'interpretés malament: esclar que Catalunya, amb una riquesa superior a la mitjana espanyola, pot ser una mica menys rica després d'aquest repartiment. Evidentment que sí! Però l'ordre ha de quedar igual. En canvi, som la tercera comunitat que més aporta i acabem caient a l'onzena posició pel que fa al repartiment. El principi d'ordinalitat inclòs a l'estatut aprovat estipula que l'aplicació del model de finançament no ha de modificar en cap cas la posició que ocupava Catalunya en la taula de renda per càpita de les comunitats autònomes abans de l'aplicació de les mesures d'anivellament. Dit d'una altra manera: si Catalunya ocupa el tercer lloc en renda per càpita, després de la redistribució i de l'anivellament ha de continuar ocupant el tercer lloc, i les comunitats menys riques han d'haver rebut els recursos que necessiten. En aquest moment, segons els càlculs de la liquidació del 2015, Catalunya cau a l'onzè lloc i se situa per sota de la mitjana. Respectar el principi d'ordinalitat és una qüestió de justícia. La solidaritat ha de ser equitable: és això, el que demanem. I el més increïble és que ho diu la llei espanyola! ¿Com ho hem de fer, per obligar Espanya a aplicar els seus propis acords polítics? Nosaltres no tenim manera de fer-ho. El tribunal habilitat per determinar si Espanya actua d'acord amb el marc constitucional és el Tribunal Constitucional. Però quan aquest tribunal crida el govern espanyol a l'ordre, aquest invoca l'excusa de la «disponibilitat de mitjans pressupostaris» i adapta el seu projecte de pressupostos en conseqüència, en detriment nostre. Dit d'una altra manera: utilitzen argúcies per deixar en paper mullat els acords polítics. Passa el mateix cada any. El repartiment dels recursos no és mai equitable.

Durant molts anys hem compartit la idea de modernitzar Espanya, i no només Catalunya. Una Espanya competitiva des del punt de vista econòmic per a nosaltres seria ideal. Però el problema és que Espanya fa una política centralitzadora que no té en compte les comunitats autònomes: hi ha una concentració cada cop més important de seus socials a Madrid perquè políticament s'ha propiciat que fos així. Per incentivar aquesta evolució l'Estat ha triat un sistema de finançament pervers, perquè impedeix que l'arc mediterrani, des d'Andalusia fins a Catalunya, pugui explotar tot el seu potencial. La capital d'Espanya fagocita tots els esforços de les altres comunitats autònomes, es comporta com una gran capital imperial que s'aprofita dels recursos dels altres per créixer. No es pot resumir la situació dient que els catalans volem tots els diners per a nosaltres, que no volem ser solidaris o que els altres els malgasten. És molt més complex. Jo soc un gran defensor de la solidaritat. Sé el que és que una família no pugui fer front a les necessitats més elementals. A Catalunya, com a tot arreu, n'hi ha massa que estan en aquesta situació. Els poders públics han de garantir-los les despeses de salut, educació, habitatge, aigua, energia... Per a mi és la línia vermella. Hi ha d'haver un primer nivell de solidaritat obligatòria. Totes les comunitats autònomes han d'estar en peu d'igualtat, en aquest sentit: el finançament que reben ha de garantir que això sigui possible a tot arreu. Amb equitat, també: si Catalunya, com passa actualment, atrau molts espanyols que venen a tractar-se als hospitals catalans, ha de rebre el finançament corresponent. El que faria el nacionalisme és rebutjar aquestes persones, dir-los que se'n vagin a tractar-se a casa seva. No és la solució que adoptem nosaltres. Al contrari: ens sentim orgullosos que hi hagi tants espanyols que venen a casa nostra, perquè això vol dir que el nostre servei públic de salut funciona bé. Però el sistema de finançament ha de reconèixer aquesta realitat. Aquest repartiment equitable dels recursos no hauria de ser el resultat d'una negociació que es repeteix cada any, hauria de ser automàtic. I també amb la immigració, les escoles, les universitats, els centres de recerca... No em sembla que sigui demanar cap privilegi.

La riquesa de Catalunya no és infinita, perquè som un país pobre en recursos naturals. L'únic que tenim és la nostra situació estratègica. Per això necessitem una economia oberta al món. Fa deu anys encara no, el 60% de les vendes de Catalunya anaven a Espanya i el 40% a l'estranger. Actualment passa a la inversa. Això requereix una transformació interna important. Si no la fem, ens passaran al davant en la cursa cap a la globalització. No podem ser només una economia basada en el turisme, encara que sigui una font d'ingressos important. Hem de continuar sent un país industrial. Necessitem infraestructures adaptades per transportar mercaderies a través d'eixos internacionals, uns costos energètics competitius, una formació professional que s'ajusti a les necessitats de les empreses, polítiques públiques per atraure la inversió estrangera... Però l'ample de vies espanyol continua sent diferent del dels altres països europeus. Fa anys que demanem que s'adapti per tal que les mercaderies del port de Barcelona, els cotxes de la Seat o els productes de la indústria química de Tarragona es puguin transportar directament a tot Europa, sense que calgui canviar de tren o passar d'un camió a un tren, perquè és ridícul. És una petició que no han volgut escoltar mai. Fa anys que està inclosa al pressupost espanyol, però no s'arriba a fer realitat mai. És evident que no serveix de res demanar-ho. Hauríem de poder gestionar els vols intercontinentals de l'aeroport de Barcelona. ¿Com és que els successius governs espanyols han firmat com a mínim vint-i-tres tractats amb països d'altres continents perquè els seus avions només puguin aterrar i enlairar-se d'un aeroport, Barajas? ¿Per què no es pot gestionar l'aeroport de Barcelona tenint en compte les necessitats de Catalunya? Que s'entengui bé: no estic demanant que el gestioni el Govern català; ho podria fer perfectament la Cambra de Comerç. Simplement, seria lògic que respongués a les necessitats del teixit econòmic català. I el mateix passa amb el Port de Barcelona, que també depèn de Madrid i que hauria de ser més competitiu en relació al d'Anvers i Rotterdam per rebre mercaderies de tot el món. Tot això és pragmatisme pur i simple.

Hi ha qui em pregunta si una Catalunya independent seria viable econòmicament. A mi em sembla evident que sí. És veritat que tot procés d'independència té els seus costos de transició, però també els seus avantatges i les seves oportunitats. L'anàlisi és complicada, però sabem que hi ha elements que, en funció de la seva resolució política, tindrien un efecte positiu o negatiu immediat. Per exemple, la qüestió del deute públic. Nosaltres estem poc endeutats (el 34% del PIB l'any 2017), però a Espanya el deute públic és molt més elevat (98,3% del PIB l'any 2017). Està clar que sense un acord d'independència el govern de la república de Catalunya no tindria cap responsabilitat pel que fa al deute contractat pel Regne d'Espanya. En canvi, si és un procés acordat, és evident que Catalunya ha d'assumir una part del deute espanyol, que s'ha contret també per finançar inversions a Catalunya. Sigui com sigui, ens haurem de posar d'acord sobre quina part d'aquest deute estem disposats a assumir: en funció de la població (16%), en funció del PIB (19%) o en funció de la inversió mitjana realitzada per l'Estat a Catalunya (segons dades del Ministeri, del 2013 al 2015 la inversió mitjana representava el 8,3% de les inversions fetes al conjunt de comunitats autònomes). L'efecte tangible més immediat es produiria en l'equilibri fiscal entre Catalunya i Espanya. Sense transferències corrents, el PIB català pujaria el 16%. Si la independència tingués un impacte negatiu, no seria gaire important. La fallida d'Islàndia del 2009 va representar un descens del PIB del 6,8%. El 1936, quan va esclatar la Guerra Civil, el PIB espanyol va patir una caiguda del 22,27% (dades de Maddison). Amb tot, l'economia catalana va tancar el 2017 amb xifres positives i un gran dinamisme, malgrat la intensa operació de propaganda per intentar demostrar el contrari. Les dades oficials de què disposem són prou eloqüents. El PIB català va pujar un 3,5% al 2017, mentre que el d'Espanya no va passar del 3,1%. Al desembre l'índex de producció industrial català havia pujat l'11,3%, mentre que a Espanya l'ascens havia estat del 6,9%. Les exportacions de béns i serveis del 2017 van augmentar en un 8,7% a Catalunya i un 8,9% a Espanya. L'índex d'atur a Catalunya és del 12,6%, contra el 16,5% del conjunt de l'Estat, amb una reducció de tres punts a Catalunya en relació amb Espanya.

El «sobiranisme» que nosaltres invoquem no apel·la a l'orgull patri –això ho fa el nacionalisme–, sinó que té en compte les necessitats dels ciutadans catalans. La idea central del catalanisme és precisament aquesta connexió amb la ciutadania. Per això insistim tant en la defensa de la democràcia. Durant la Guerra Civil i la Segona Guerra Mundial el conjunt del catalanisme es va comprometre amb orgull en la lluita contra els totalitarismes feixistes i nazis. Després vam ser perseguits pel franquisme. No és que ens hàgim convertit de cop a la democràcia; hem estat sempre al costat dels europeus que lluitaven contra les dictadures. Nosaltres vam estar al costat dels francesos i dels britànics durant la Segona Guerra Mundial. El règim oficial de Franco, en canvi, va enviar una divisió de voluntaris, la División Azul, al front de l'est. ¿Qui va ajudar Franco? Hitler! És història, són fets; no és una opinió. L'any 2017 les autoritats espanyoles, amb el Partit Popular al poder, encara van homenatjar aquesta División Azul. I jo torno a preguntar: ¿qui predica un nacionalisme perillós? El règim franquista encara és molt present a l'imaginari espanyol. El Valle de los Caídos, construït per ordre de Franco per retre homenatge als «héroes y mártires de la cruzada», és a dir els combatents del bàndol nacional morts durant la Guerra Civil, rep encara milers de visites cada any, i el manteniment es paga encara amb el pressupost públic espanyol. Tots els espanyols han de pagar un monument obert al públic que està dedicat a la figura d'un dictador. ¿Hi ha algun cas similar, a Europa? Hi ha la tomba del dictador, però també la de José Antonio Primo de Rivera, el fundador de la Falange. L'any 2018 encara són allà, tot i que el nou govern de Pedro Sánchez s'ha compromès a fer-los desaparèixer. ¿En quin altre lloc d'Europa hi ha encara un monument d'aquest tipus dedicat a figures feixistes o nazis? Està prohibit a tot arreu, menys a Espanya. Això sí: continua havent-hi milers i milers de desapareguts durant la Guerra Civil de qui encara no s'ha trobat la tomba, que en la majoria de casos és una fosa comuna. Vuitanta anys més tard, encara hi ha milers de famílies que no saben què els va passar als seus.

L'any 2017 la Generalitat va publicar per primer cop totes les sentències dictades pel Tribunal Militar durant la dictadura de Franco, extretes dels arxius de Salamanca de la Guerra Civil, que li van ser parcialment restituïts el 2004 pel govern espanyol del socialista José Luis Rodríguez Zapatero. Gràcies a això milers de persones van descobrir què els havia passat als seus avis o als seus pares. ¿Realment volem formar part d'un estat que no fa absolutament res per acabar amb aquesta vergonya? A Catalunya encara hi ha fosses comunes i milers de desapareguts. Ens hauria agradat treballar-hi, però la legislació espanyola ens ho prohibeix.... Esclar que són ferides del passat. Amb el govern Rajoy, l'Estat no actuava com un estat digne. El nou govern encapçalat pel socialista Pedro Sánchez ha anunciat la seva voluntat de prendre mesures al respecte i s'ha compromès formalment a retirar les despulles de Franco del Valle de los Caídos. Seria un primer pas en la direcció correcta... tot i que al mes de juliol vam veure com a la neta del dictador se li concedia el títol de duquessa de Franco. De la mateixa manera, no es pot maltractar un refugiat polític, econòmic o climàtic. Se l'ha d'acollir, se l'ha de protegir; però Espanya no ho fa de manera altruista. Això sí: el govern de José María Aznar no va dubtar a embrancar-se en una guerra contra l'Iraq l'any 2003, al costat del president dels EUA, George W. Bush, i del de la

Gran Bretanya, Tony Blair, sense que hi hagués cap mena de mandat internacional. Nosaltres ens vam oposar a aquell cop de força.

Per als catalans no té sentit un estat si no és un estat dels ciutadans. Jo no seria independentista si al cap i a la fi es tractés d'aplicar les mateixes polítiques que Espanya. No tindria cap sentit. Entenc la pregunta que es fan alguns: ¿per què necessitem un estat? És una bona pregunta. Si en creem un de nou per dur a terme unes polítiques similars al que acabem de deixar, efectivament, no tindrà cap sentit. Només en tindrà si això ens permet gestionar-nos d'una manera diferent, tenint en compte les sensibilitats de la població. Hi haurà qui replicarà dient: però aleshores, un cop Catalunya hagi aconseguit la independència, potser la voldrien reclamar també Barcelona o Girona. És cert. Però primer els respondria que el poble català existeix des de fa molt de temps, que té una història, una cultura, una llengua... És un tot cohesionat, encara que, arribat el cas, hauríem de gestionar els nostres desequilibris interns perquè fos conciliable per a tothom. I som capaços de ferho. A més, si efectivament algú reclamés la independència de manera democràtica, no ens hi oposaríem pas. De fet ja s'expressen vel·leïtats independentistes a la Vall d'Aran. Vam aprovar una llei que reconeix el seu dret de decidir el seu propi futur, sigui quin sigui. Ells també representen una realitat històrica pròpia. Si una part de Catalunya sent la necessitat d'emprendre un altre camí, ¿podem impedir que ho faci? No, això mai. Jo soc un ferm defensor que cada generació pugui gestionar les eines del seu estat de la manera que la seva població consideri que és la millor. I això ha de ser vàlid per a tothom. En qualsevol cas, l'objectiu no ha de ser prohibir eventuals moviments independentistes, sinó fer tot el que calgui perquè no tinguin raó de ser. És molt saludable dessacralitzar la idea de la unitat nacional. És una convenció humana subjecta a revisió que hauríem d'aspirar a administrar d'una manera pacífica, i no a través de guerres. És un retrocés absolut que l'única manera de modificar les fronteres sigui a través de la guerra. Jo m'estimo més que els estats siguin la conseqüència de la voluntat de la gent que hi viu, i no de la força. En certa manera, el primer dret que hauria de garantir una república és el dret a no pertànyer-hi. Del que es tracta és de relativitzar el vincle de la identitat, de la terra i de la sang i reforçar la voluntat i el compromís basats en els valors. La identitat juxtaposada era un obstacle en temps de guerres i de conquestes. En aquest temps de pau, de la globalització i de la revolució tecnològica, ja no suposa cap problema.

Hi ha qui constata actualment un ressorgiment dels nacionalismes a Europa: bascos, corsos, escocesos, flamencs... L'únic punt que ens uneix, més enllà de les nostres diferències i de les nostres històries particulars, és el fet de reclamar el dret a l'autodeterminació previst per les Nacions Unides. Però tots arribem a aquesta constatació per motius diferents. A Catalunya, evidentment, hi ha una simpatia natural per tots els pobles que reivindiquen exercir aquest dret, com nosaltres. La causa del Sàhara occidental, per exemple, que ho reclama al Marroc, desperta moltes simpaties a casa nostra. Els flamencs són amics. Però això no vol dir res més que això. Cadascú segueix el seu propi camí, amb les seves pròpies motivacions. Cadascú té la relació que pot amb l'estat central del quan depèn. Fins i tot a dins d'un mateix estat hi ha situacions diferents: el País Basc també és una nació històrica, però té un estatus diferent del nostre. Sí, s'ha de respectar el camí de cadascú. Europa ha de reconèixer que és la unió de la diversitat, però no només de la diversitat de passaports oficials, sinó també de llengües, d'identitats, de realitats, de tradicions molt arrelades, d'institucions autònomes que no són estats oficials... Europa no es pot conèixer a ella mateixa sense reconèixer aquesta realitat. Si existís una Europa de les regions històriques, amb poders legislatius i reconegudes com a tals, potser no hauríem arribat al punt on som ara. És veritat, doncs, que hi ha un objectiu que ens uneix als flamencs, els escocesos i d'altres pobles: tenir els instruments d'un estat i gestionar les seves competències. Al servei dels ciutadans, però també d'Europa. Que jo sàpiga, els escocesos són tan clarament proeuropeus com els catalans. És veritat que les nacions sense estat tenim bones relacions entre nosaltres, però també en tenim amb estats i amb regions que no expressen cap reivindicació. Nosaltres no volem crear un contrapoder als estats, ni molt menys. A més a més no seria intel·ligent. Jo vull tenir contactes amb tothom. Quan era president, per exemple, vaig firmar un acord amb la presidenta de la regió de l'Illa de França, perquè tenim realitats semblants, sobretot pel que fa a la revolució digital. L'actual anhel de sobirania de Catalunya s'assenta en una nova realitat on una certa subsidiarietat pot ser útil. Fa cinquanta anys era impossible, però tot ha canviat amb una rapidesa increïble. Amb les tecnologies d'ara, qualsevol ajuntament, sigui on sigui, té accés instantani al mateix nivell d'informació que el ministeri. ¿Per què no fem servir aquesta capacitat per acostar les institucions i els poders públics als ciutadans? ¿Per què encara cal anar personalment a Madrid per recollir una notificació del Tribunal Suprem, quan es podria fer en cinc minuts? És absurd. Es podria fer instantàniament des del jutjat més proper; o per internet, amb un certificat digital.

Als independentistes se'ns acusa d'haver creat una bombolla paral·lela als estats oficials. Hi ha moltes crítiques perverses que es difonen deliberadament per entelar la reputació de la nostra reivindicació. Se'ns tracta d'egoistes, de feixistes, d'extremistes, d'antieuropeus, d'antiespanyols... Jo vaig decidir deixar de reaccionar davant de totes aquestes barbaritats. Personalment, no m'empassaria mai unes afirmacions falses així, sense intentar verificar-les abans. Em comportaria com el periodista que encara porto a dins, consultaria les meves fonts i en trauria les meves pròpies conclusions. És tan infantil com afirmar arbitràriament que els contraris a la independència de Catalunya són feixistes, intolerants o violents. Jo no ho crec, evidentment. La realitat és molt complexa i té molts més matisos. El patrimoni de la veritat no el té ningú, òbviament. I uns i altres ens hem de respectar. Quan parlo d'Espanya amb una mirada crítica, intento no barrejar les coses i limitar-me a evocar els fets. El monument a Franco i les fosses comunes existeixen, per més trista i anacrònica que sigui aquesta realitat en ple 2018. Quan dic que el govern de Mariano Rajoy no tractava tots els ciutadans amb dignitat, és una opinió personal que assumeixo jo. Però quan s'acusa els catalans d'antieuropeus, és una mentida descarada. Jo no demano que se'm doni la raó. Només demano fer un petit esforç intel·lectual per intentar entendre'm.

4

«El que busco a Brussel·les és Europa.»

El meu exili a Bèlgica

Després del resultat positiu del referèndum de l'1 d'Octubre del 2017 en favor de la nostra tesi, no podíem no declarar la independència. La llei que nosaltres mateixos havíem aprovat exigia que els resultats de la consulta fossin presentats davant del Parlament per tal que aquest actués en conseqüència amb la voluntat popular. Era un compromís legal que havíem assumit. Esclar que em plantejava moltes preguntes. Sobretot perquè l'estat que teníem al davant no mostrava cap mena de voluntat d'asseure's en una taula. Però després d'intentar forçar el diàleg una vegada més, no em quedava cap més alternativa.

Pocs dies abans de la sessió parlamentària on s'havia de declarar formalment la independència, prevista per al 27 d'octubre del 2017, hi ha encara un últim intent d'iniciar un diàleg. Un empresari català, unionista però amb bons contactes a totes dues bandes, rep un missatge SMS d'un ministre espanyol i ve corrent a ensenyar-me'l. Aquest ministre li diu que podria intercedir davant del seu «cap», és a dir el president Rajoy, si jo estic disposat a parlar. Responc directament que sí, que estic disposat a parlar. Al cap de cinc minuts, deu a tot estirar, aquest empresari rep un altre missatge d'aquell mateix ministre, dient que el seu cap no vol parlar perquè tot plegat ha anat massa lluny. Amb tot, no em vull desentendre de les meves responsabilitats. La nit del 25 d'octubre reuneixo tots els actors implicats a Catalunya fins a les dues de la matinada per explicar-los que vull convocar unes eleccions autonòmiques anticipades sempre que el Govern espanyol respecti tot un seguit de condicions, per tal que es puguin desenvolupar amb normalitat: que es retiri l'amenaça de l'article 155, que els deu mil policies se'n tornin a casa seva, i que es tiri enrere l'acusació de sedició contra els líders catalans... La llei catalana diu que l'única persona que pot convocar eleccions és el president. És una competència personal. En un moment tan seriós, íntimament, tinc com a mínim l'obligació de plantejar-me aquesta possibilitat, tant si és per convocar-les com si és per descartar-les. Finalment decideixo convocar eleccions perquè l'aplicació de l'article 155 que ha decidit Madrid és un cop d'estat que està fora de la llei i de la Constitució espanyola. El que vull és impedir una venjança del govern de Madrid contra tota la població de Catalunya. Val la pena, encara que això suposi aturar-se un moment en el procés cap a la independència. Tinc l'esperança que després d'aquestes eleccions podrem designar nous actors que contribueixin a obrir un nou escenari i a recuperar el diàleg polític.

El 26 al matí, un dia abans de la sessió parlamentària en què s'ha de declarar la independència, la meva decisió és ferma, sempre que se'm donin les garanties que les eleccions es podran desenvolupar en un clima de normalitat. Dit d'una altra manera: Espanya no pot aplicar el 155 de la Constitució i suspendre l'autonomia de Catalunya. És una condició indispensable. I encara és possible, perquè el Senat espanyol encara no ha aprovat aquesta decisió. Poden aturar el procés. La segona condició és que es demani a la fiscalia que deixi de perseguir els líders catalans, empresonats com a rebels o com a criminals. En tercer lloc, que tornin a casa seva els deu mil policies que han enviat per aturar el referèndum, que creen un clima innecessari de violència. I per acabar, que s'aturi el control de les finances del Govern català. El 26 d'octubre, després de reunir el meu gabinet, comunico aquestes quatre condicions al Govern espanyol, especificant que si se'ns donen totes aquestes garanties al migdia comunicaré aquesta decisió als mitjans de comunicació i a la població en una roda de premsa. Activo tres fonts diferents a Madrid perquè facin de mediadores amb el govern espanyol: una font política, una font de l'àmbit social i una altra del sector econòmic. Algú parla directament amb el senyor Rajoy. La primera impressió és positiva. Els meus mediadors em diuen que hi ha una possibilitat que aquest escenari funcioni. Al mateix temps em fan arribar els temors de Madrid que fem servir aquestes eleccions per organitzar de manera simultània les eleccions constituents de la república. Els dono la meva paraula que no ho farem. Em diuen que volen veure el decret de convocatòria per assegurar-se que no és una trampa. Com a mostra de bona voluntat, els n'envio una versió sense firmar, esperant que acceptin les condicions. Al cap d'una estona reuneixo el meu grup parlamentari i els explico aquest escenari. Es produeixen greus divisions internes. Mentrestant el president del Partit Popular a Catalunya, que també és membre del Senat, afirma que Espanya aplicarà l'article 155 encara que es convoquin unes eleccions autonòmiques. Això fa esclatar una petita revolució a dins del meu grup parlamentari; hi ha diputats que diuen obertament que ens estan prenent el pèl. Tot i així, jo continuo esperant la resposta formal del govern espanyol. Envio un missatge al delegat del Govern espanyol preguntant-li si el que acaba d'afirmar el seu company de partit és correcte. La resposta que em dona és molt ambigua. Els meus mediadors a Madrid m'informen també que hi ha problemes: «Primer volen sentir la teva roda de premsa, i en funció d'això es pronunciaran», em diuen. És inacceptable, evidentment: no ho penso anunciar si no se'm donen garanties. Sense aquestes garanties, senzillament no tinc cap dret d'aturar el procés que ja està en marxa. És una obvietat. El 10 d'octubre ja vaig suspendre els efectes del referèndum davant del Parlament per donar a Madrid la possibilitat de reaccionar. Ara, el 26 d'octubre, necessito un compromís clar pel que fa a totes aquestes condicions. Però no rebo cap resposta convincent. L'últim missatge és per invitar-me a pronunciar-me abans que ells. Això no és seriós. No vull fer un pas així quan la sessió del Parlament està convocada per l'endemà. No hi ha cap raó objectiva per fer-lo. En un primer moment, decideixo suspendre la roda de premsa prevista per al migdia. Però a primera hora de la tarda sembla cada cop més evident que no obtindrem les garanties que hem demanat. És llavors quan comparec davant la premsa per explicar que hem estat esperant aquestes garanties i no han arribat. Si l'Estat i el Govern espanyol s'haguessin compromès explícitament a respectar aquestes quatre condicions, hauria convocat eleccions i el Parlament no hauria fet la declaració d'independència. Jo estava convençut que la millor manera de ressituar-se era fer unes noves eleccions. Però és evident que el Govern espanyol va preferir fer càlculs polítics.

Durant anys hem recorregut tot aquest camí respectant sempre el dret internacional. Hem intentant buscar acords en moltes ocasions. Hem proposat una millora del nostre estatut d'autonomia, i no hi ha hagut manera. Hem proposat un pacte fiscal, i no hi ha hagut manera. Hem proposat una consulta popular no vinculant, i ens han dit que no. Hem proposat un referèndum organitzat conjuntament amb Madrid, i també ens han dit que no. Al cap i a la fi, el dret d'autodeterminació dels pobles serveix precisament per sortir d'aquesta mena de situacions. Una minoria política, en un estat, no pot ser víctima de la tirania de la majoria. El dret d'autodeterminació està reconegut a l'article del Pacte Internacional dels Drets Civils i Polítics de les Nacions Unides. Durant el període anterior a la declaració d'independència rebem regularment pressions per part dels caps de les grans empreses espanyoles, molt vinculades a la monarquia i al Partit Popular, perquè no emprenguem aquest camí. Són directius, no propietaris. Això crea un ambient tòxic. Cada dos per tres la premsa informa d'una fuita d'empreses de Catalunya. Aquest moviment l'encapçalen CaixaBank i el Banc Sabadell. Tot plegat s'exagera molt. Més endavant el Fons Monetari Internacional (l'FMI) reconeixerà per iniciativa pròpia que tot plegat no té cap efecte sobre l'economia. És així com es construeix un clima de crisi artificial per intentar influir en la política. No s'ha perdut ni un sol lloc de feina, només s'han produït alguns canvis de seu social –seu social, no fiscal–, i no s'ha mogut ni un sol centre de producció. A finals del 2017 es va constatar que l'economia catalana havia crescut més que l'espanyola, que la recuperació de llocs de treball havia estat més ràpida i que la inversió estrangera i les exportacions s'havien mantingut. Així doncs, es tracta d'un missatge purament polític pensat per pressionar el govern català legítim. Els governs europeus, en canvi, no exerceixen cap mena de pressió, durant aquests dies crítics. Abans de la primera sessió del Parlament, el 10 d'octubre, alguns ambaixadors ens envien missatges demanant que no fem res que sigui irreversible. En aquest cas, afegeixen, però, seria el moment d'encetar un diàleg polític. Perquè l'1 d'Octubre es va fer; perquè el referèndum el vam guanyar i per tant això canviava les coses. Jo mateix tinc molts contactes formals en aquest sentit durant els dies posteriors al referèndum. Per a mi la prioritat és aquesta: iniciar un diàleg. Però el 26 d'octubre el govern espanyol no vol dialogar, sinó aturar l'embranzida. Fa tres setmanes que li demanem parlar i que aturi l'escalada de tensió abandonant la via penal: no serveix de res. Tot el món va veure que el 10 d'octubre vaig suspendre el procés i que encara ara estava disposat a fer-ho, abans de la votació definitiva. Per això puc acusar l'Estat de no haver aprofitat aquestes oportunitats. Això demostra que no volia resoldre aquest problema de manera democràtica i que s'estimava més optar per la via de la repressió, de la violència i de la persecució judicial.

La nit del 26 al 27 dormo malament, però no pel que hi ha en joc. Fa anys que em passa: tinc el son molt sensible a la llum i al soroll i em desperto així que comença a clarejar. És el costum. Hi ha tensió, esclar, preocupació. Quan penso en el pas que estic a punt de fer no faig salts d'alegria, evidentment; però després de tant d'esforç, estic convençut que no hi ha cap més alternativa. Després d'haver esgotat totes les altres vies, la nostra obligació és fer el que vam dir que faríem. El 27 d'octubre es produeix la votació sobre la declaració d'independència al Parlament. És un moment irreversible, evidentment. Soc conscient que es tracta d'un moment històric. Al principi del meu mandat vaig dir que seria el mandat durant el qual passaríem de la postautonomia a la preindependència. Després d'aquesta votació soc conscient que estem arribant al moment de passar de la postindependència a la prerepública. Però per construir la república hi ha un obstacle majúscul: l'endemà d'aquesta votació se'ns apartarà del govern a causa de l'aplicació de l'article 155, i per tant no disposem de les eines indispensables per dur a terme aquesta tasca. El mateix dia de la votació al Parlament, el Senat espanyol aprova també la decisió de suspendre el nostre estatut d'autonomia. No rebo cap notificació oficial sobre aquesta votació. Hem d'esperar que es publiqui al butlletí oficial espanyol. Sigui com sigui, el govern espanyol ha anat més enllà no només del que diu l'esperit la Constitució, sinó també del que diu la lletra. Si repassem els debats del redactat de la Constitució i els textos dels experts pel que fa a l'aplicació d'aquest article 155, veurem que van descartar explícitament la possibilitat d'una intervenció global dels òrgans d'un govern autònom i que finalment van adoptar un camí menys coercitiu. Es descarta completament la possibilitat de destituir un president o un parlament sencer que ha estat elegit tot just fa dos anys, en unes eleccions legítimes. Per això parlem d'un cop d'estat, perquè el govern espanyol va ultrapassar l'esperit de la Constitució espanyola. Va pervertir l'article 155 i el va fer servir com si fos un xec en blanc.

Personalment, estic convençut que per a Catalunya era important consolidar a través de les urnes el capital de mobilització i d'expressió democràtica generat pel referèndum de l'1 d'Octubre enfront d'aquest estat autoritari. L'escrutini hauria pogut confirmar les decisions preses pel Parlament i hauria servit de plebiscit. Si les forces polítiques favorables a la independència haguessin guanyat aquestes eleccions anticipades, això hauria validat definitivament el resultat de l'1 d'Octubre. Però les eleccions anticipades que jo volia no es van celebrar mai. L'escalada continua. L'estat espanyol destitueix desenes de funcionaris, tots els consellers i gairebé tots els secretaris generals i directors generals. Desmunta pràcticament tota l'administració catalana. Al seu lloc hi posa persones a l'ombra. A partir d'aquest moment la funció de president de Catalunya és assumida pel senyor Rajoy en persona, que convoca eleccions autonòmiques per al 21 de desembre del 2017, mentre que la coordinació recau en Soraya Sáenz de Santamaría, la número dos del Govern espanyol. La conseqüència d'aquest control per part de Madrid és una paràlisi total, una gestió purament administrativa i a més a més absolutament ineficaç. Se suspenen de cop tots els pagaments, incloent-hi els que tenen a veure amb el tercer sector, institucions culturals, necessitats socials... Amb l'excusa de castigar la decisió d'un govern, es castiga tot un poble! Es persegueix 7,5 milions de catalans, incloent-hi els unionistes que van votar el Partit Popular, el Partit Socialista o Ciudadanos. És una injustícia flagrant.

El mateix 27 d'octubre la majoria del govern català marxa a l'estranger. El vicepresident i jo ens quedem. El 27 dormo a casa meva; el 28 també. Però el 28 d'octubre al vespre tinc una reunió en un punt de l'Empordà amb Marta Rovira, la secretària general d'Esquerra Republicana de Catalunya, que acaba de parlar amb els membres del Govern a l'exili i altres persones. Ens trobem per decidir què hem de fer a partir d'ara. Després d'analitzar la situació, considerem que la millor opció és optar per l'exili nosaltres també. Això és el que decidim. En aquell moment ja tinc clar que marxo cap a Brussel·les, perquè és la capital d'Europa. No volem fugir; volem continuar treballant, però en un espai lliure on es pugui fer política. El que busquem és que els nostres drets estiguin garantits i mantenir la legitimitat de les nostres institucions. El diumenge 29 d'octubre rebo a casa meva uns quants consellers que han tornat del seu exili a França per parlar-ne i planificar l'endemà, perquè s'espera que tot passi dilluns al migdia. En aquest punt vull insistir que en aquell moment no hi havia cap ordre d'arrest ni cap querella contra nosaltres. Tenim llibertat de moviments total. Aquell cap de setmana ens acaben de destituir dels nostres càrrecs. Al vespre cadascú se'n torna a casa seva per preparar l'equipatge i dir adéu a la família. En el meu cas, em recomanen avançar la sortida a aquella mateix nit perquè el 30 em podrien detenir. Però per a mi quedar-me no és una alternativa, perquè des de la presó no puc lluitar. Ens humiliarien tractant-nos com a ostatges polítics pel que representem: les nostres institucions i les nostres reivindicacions. Així doncs, decideixo avançar unes hores la partença. Ho comunico a un col·laborador.

Per la seva banda, els companys que ja eren a França emprenen el camí cap a Bèlgica. Després alguns mitjans diran que vaig anar de Catalunya fins a l'aeroport de Marsella amagat a dins del maleter del cotxe de la meva dona. Això és ridícul. La meva dona no va tocar el seu cotxe per res i jo no m'he ficat mai en cap maleter. Em vaig asseure al cotxe i vaig viatjar per França amb tota normalitat, fins a arribar a Bèlgica. Tampoc vaig agafar cap avió a Marsella, com es va insinuar. És increïble que la gent s'inventi coses així; això demostra el nivell de degradació de la premsa a Espanya. Són mentides calculades per desacreditar la meva reputació. ¿Per què havia d'agafar un avió a Marsella? Travesso França en cotxe i entro a Bèlgica per Luxemburg només per estalviar-me embussos i prou. Soc un home lliure, no un fugitiu. Ja ho va dir el primer ministre belga, Charles Michel, quan vaig arribar: soc un ciutadà europeu lliure. No estic fugint de res ni de ningú.

Si hi ha un lloc adequat per continuar la nostra lluita és la capital d'Europa, amb una gran concentració d'institucions europees, polítics, diplomàtics, mitjans... D'altra banda, advocats experts en la qüestió m'han fet notar que Bèlgica és un dels països més compromesos en matèria de drets humans, per tradició democràtica. Nosaltres hem marxat fugint de la injustícia i buscant la justícia. Perquè a Espanya no hi ha justícia independent. No estem fugint.

El marc europeu ens permet defensar-nos des de Brussel·les o des de qualsevol altre país de manera perfectament legal. Aquesta és la grandesa d'Europa! No he avisat ningú de la meva arribada, tret d'una xarxa amb qui em reuneixo a la seu de l'Aliança Lliure Europea, una federació que aplega els partits sobiranistes en el si del Parlament Europeu. No he fet cap contacte oficial, per prudència i per no ficar-me en els afers interns d'un altre país. Hem vingut a buscar sobretot Europa, no Bèlgica. A més a més en aquest país hi tenim aliats polítics, i això ens permet explicar al món el que està passant a Catalunya. Bèlgica és tot el contrari de França, de tradició jacobina, centralista i amb uns interessos polítics molt vinculats als del Govern espanyol: per això no hem triat aquest país. Però hi insisteixo: Brussel·les, per a mi, és sobretot la capital d'Europa. Fins i tot encara que l'Europa institucional no ens escolti. Després de ser nomenat president de Catalunya vaig intentar en diverses ocasions trobar-me amb Jean-Claude Juncker, el president de la Comissió Europea. Ha rebut pràcticament tothom: alcaldes, presidents regionals... No he entès mai per què a mi no em volia rebre. En el seu entorn més proper, a dins del seu gabinet, hi ha molts representants del Partit Popular espanyol. Jo crec que és un error per part seva, perquè jo no deixava de ser el representat d'una regió potent d'Europa en la qual estava passant una cosa important. Trobo que almenys s'hauria d'informar sobre la qüestió, encara que no comparteixi les nostres idees. Però des que soc a Brussel·les estic íntimament convençut que arribarà un dia que s'haurà d'ocupar de la qüestió catalana. Encara que no ho vulgui. Quan vaig anar per primer cop a Brussel·les en visita oficial no vaig demanar que em rebessin. Vam intentar fer contactes, però sense fer cap petició oficial. Quan la premsa m'ho preguntava sempre responia que hi hauria un moment que Jean-Claude Juncker no podria continuar mirant cap a una altra banda. Perquè la qüestió catalana seria un problema d'Europa. Doncs bé, aquest moment ja ha arribat. El senyor Juncker no pot continuar dient que no passa res, perquè tothom està veient que sí que passa. Les institucions europees ens haurien hagut d'escoltar. ¿Som o no som ciutadans europeus? No demano pas que canviï d'opinió pel que fa a Espanya, i entenc que no es vulgui ficar en els afers interns d'aquest país. Però conèixer la situació amb tots els seus matisos, explicada de primera mà pels que l'estan vivint, forma part de les seves responsabilitats. Hi ha altres assumptes interns que sí que es converteixen en assumptes de la Unió Europea, ¿no? ¿Per què Europa ha intervingut a Polònia? Perquè tenia raons per fer-ho, és un tema important que afecta Europa, des del moment en què està en joc la independència de la justícia. Però també és pot dir el mateix d'Espanya... L'únic que demano és que Europa s'interessi per les qüestions que afecten els drets fonamentals a dins del seu territori. Si no ho fa és, al meu parer, per l'immens poder que té el Partit Popular a Europa. Avui, gairebé un any després dels fets, ja no es pot continuar dient que és una qüestió interna espanyola. Molts diputats europeus d'altres països ens han volgut fer costat. També hi ha diputats de parlaments nacionals que s'interessen per la nostra causa. L'ex-primer ministre francès Manuel Valls reconeix que ara ja és un assumpte europeu i fins i tot s'ha proposat la seva candidatura a l'alcaldia de Barcelona. És una posició molt poc coherent per part seva, perquè ha participat en la campanya electoral de tres partits unionistes diferents: el PP, Ciudadanos i els socialistes. És increïble que un líder polític doni suport alhora a tres formacions polítiques confrontades entre elles...

Un cop a Bèlgica em poso de seguida en contacte amb l'advocat Paul Bekaert, que m'han recomanat per les seves qualitats i perquè esta especialitzat en matèria de drets humans. Tenim una conversa molt fructífera durant la qual el poso al corrent del context. Ell m'explica exactament quines són les vies possibles i en quines altres no cal insistir. A partir d'aquest moment veig clarament que puc conservar la meva llibertat de moviments i d'expressió durant com a mínim dos mesos, en el pitjor dels casos;

mentre duri el procés d'extradició. Per a mi és important, vol dir que puc fer la campanya de les eleccions autonòmiques de finals de desembre imposades pel govern espanyol. Així doncs, puc intentar jugar el partit. Si es pot fer s'ha de fer, no ens podem rendir. Encara que el desenllaç sigui l'extradició. Durant aquests dos mesos organitzo rodes de premsa, tinc l'oportunitat d'explicar-me, em veig amb gent, treballo per la causa tant en l'àmbit internacional com en el mediàtic. Estic orgullós d'aquesta lluita, que dona els seus fruits. És un combat democràtic: només faig servir la paraula. La llibertat d'expressió és l'arma més poderosa d'una democràcia. D'altra banda, aquesta possibilitat d'expressar-me altera també l'estratègia espanyola, que fins aleshores consistia a solucionar el problema «a l'espanyola», com si Espanya fos una manta immensa que impedís als altres països europeus veure el que estava passant entre bastidors. Des de Brussel·les, puc denunciar que Espanya no respecta les regles més elementals de la democràcia: Puc dir: «Estimada Europa, a casa nostra hi ha alguna cosa que no funciona com hauria de funcionar, i per tant a casa vostra també!» I realment tot plegat dona els seus fruits: sento com una diputada sueca al Parlament Europeu afirma que quan un estat decideix als tribunals qui pot ser president i qui no, ja no és una democràcia.

Quan arribo a Brussel·les ja sé que l'Europa institucional no es mourà. Però aprofito aquesta oportunitat per adreçar-me directament als europeus. Es parla de l'Europa dels estats i de les regions, però nosaltres creiem profundament en l'Europa dels ciutadans. Aquesta és l'esperança de l'Europa actual. Els ciutadans estan molt més impregnats de democràcia que alguns dels seus dirigents. Per adonar-se'n només cal recordar l'escàndol del nomenament per part de Jean-Claude Juncker de Martin Selmayr al capdavant de l'administració europea, en una vulneració clara de les normes. Jo crec en els ciutadans i m'inquieta moltíssim el retrocés democràtic a Hongria i a Polònia... I tinc l'esperança que a la gent també l'inquieti que a Espanya hi hagi un retrocés democràtic similar. El que jo desitjo és una reacció digna d'uns ciutadans que són conscients de la seva responsabilitat i que volen contribuir a millorar la manera com es gestiona la democràcia europea. No em cal adreçar-me directament a les institucions ni als dirigents europeus. Estic convençut que hauran de reconèixer que hi ha un problema. Els ciutadans que més a prop estan dels catalans demòcrates són els europeus demòcrates, i els defensors més fervents de la democràcia europea són els ciutadans catalans, que van defensar les urnes contra les càrregues policials. Quan dic això no vull dir, evidentment, que els ciutadans europeus hagin de ser partidaris de la independència de Catalunya. Esclar que no. Però és que, més enllà de la nostra causa nacional, es planteja una qüestió fonamental que té a veure amb l'evolució de la democràcia a Europa. Per això el nostre missatge polític no s'adreça únicament als ciutadans dels territoris que tenen aspiracions similars a les de Catalunya. No únicament. Nosaltres ens adrecem a tots els ciutadans que tinguin la sensació que hi ha alguna cosa que no funciona en la democràcia europea. S'està convertint en una «democràcia *light*» que d'un dia per l'altre es podria transformar en una «dictadura *light*», allunyada de l'esperit fundacional de la Unió Europea. Hi ha un retrocés democràtic que afecta Europa com a tal i alguns dels seus estats membres. Els ciutadans són el pilar de la democràcia. Els ha de fer sentir vergonya que a l'Europa actual hi hagi militants perseguits per les seves idees polítiques.

Un cop a Bèlgica m'instal·lo a Waterloo per casualitat. Jo reivindico el punt de vista de Wellington, que va guanyar, no el de Napoleó. No, ara seriosament: no soc ni supersticiós, ni un mitòman; simplement és un lloc tranquil, a prop de Brussel·les, on podem sentir-nos segurs i treballar discretament. És el lloc perfecte per instal·lar-se i continuar amb l'estratègia de mantenir la nostra posició i ocupar l'espai. En realitat Bèlgica és un país petit i delicat. En aquest sentit s'assembla molt a Catalunya, amb un teixit vital molt dens. Pel que fa a la geografia i a la climatologia, evidentment, no tenen res a veure. Però a nivell humà hi ha una gran proximitat. Hi ha qui m'ha acusat de viure a Waterloo en una mansió pagant un lloguer altíssim. ¿Que potser hem de viure en un lloc on no es pugui treballar? Hi ha una gran solidaritat, també econòmica, per part de molts i molts catalans que volen que continuem treballant a l'exili en les condicions més dignes possibles. En aquesta casa treballem, organitzem reunions; ens permet estalviar molts diners en restaurants, en sales de reunions i en hotels. En realitat, el fet de concentrar tota la nostra activitat allà ens estalvia diners. A més a més a Waterloo els lloguers no són tan cars com a Brussel·les. També és important el fet que ens hi sentim segurs, perquè vivim permanentment sota l'amenaça dels serveis secrets espanyols. Vam posar una denúncia a la policia perquè algú ens va adossar una balisa sota la carrosseria dels cotxes que fèiem servir. De la mateixa manera, hi podrien posar un explosiu. ¿Cal recordar que Espanya va fer la guerra bruta contra ETA? ¿Que els líders catalans estan en presó preventiva des de fa un any? Jo haig d'anar amb protecció sempre.

A Brussel·les hem continuat amb la feina legítima del Govern català fins que s'ha nomenat un nou executiu. Aviat crearem el Consell de la República per continuar treballant en el projecte republicà, que depèn de nosaltres. La seva missió és garantir la defensa jurídica dels representants catalans, del projecte independentista i del dret d'autodeterminació. També haurem de continuar fent aquest paper de *lobby* arreu del món. Al mateix temps volem crear un *think tank* sobre el dret d'autodeterminació, sobre la democràcia, sobre Europa i sobre el paper que hi han de fer les noves tecnologies, amb la voluntat d'invertir en recerca sobre aquests temes, d'establir debats amb experts, amb acadèmics... Continuem reivindicant Catalunya com a subjecte polític. Volem impulsar una reflexió sobre què representa un projecte constituent, sobre el que comporta la creació d'un nou estat des del punt de vista energètic, social, sanitari, educatiu... Com que es veu que el Parlament català no té dret a fer aquesta reflexió, la volem fer des de fora, en contacte permanent amb les institucions catalanes. Soc realista. Sé que l'Estat espanyol no acceptarà dialogar amb nosaltres a curt termini, almenys pel que fa a l'autodeterminació. Però els conflictes s'han de resoldre amb la implicació de tots els actors implicats. Si a Espanya persisteix l'amenaça d'un empresonament llarg, l'única possibilitat que em queda és l'exili; preferentment a Brussel·les. El que no penso fer és desanimar-me ni deixar-me vèncer per l'enyorança; no és el meu estil. Haig de continuar treballant, lluitant, amb les meves eines. I ho faré encara que torni a la presó. Sí, sé que em puc passar molt de temps a l'exili. Però això no m'impedirà treballar per fer possible que Espanya escrigui una nova pàgina. I vull pensar que a mitjà termini hi ha una possibilitat de normalitzar la situació a través del diàleg.

5

«Estava preparat per a la presó.»

La meva detenció a Alemanya

A mitjans del 2018 marxo cap a Suïssa i Finlàndia per continuar amb la meva tasca de sensibilització. A Ginebra hi vaig convidat pel Festival Internacional de Cinema i Fòrum sobre els Drets Humans, i a Hèlsinki per la universitat. En aquell moment no hi ha cap euroordre contra mi. Em consta que Espanya està a punt de reactivar-la i que em podrien detenir, però decideixo córrer el risc perquè no soc a Bèlgica per salvar-me jo –això seria mesquí–, sinó per continuar lluitant per la nostra causa. Abans ja he estat a Dinamarca, convidat per la Universitat de Copenhaguen, i he visitat el Parlament, on m'he reunit amb parlamentaris que tenien interès a saber el que estava passant al nostre país. Aquell viatge va anar molt bé, també. Per a mi aquesta mena de trobades són importantíssimes. A Suïssa, després del festival, faig una conferència en un centre d'estudis internacionals. A part d'això mantinc contactes privats i discrets amb representants suïssos. M'adono que tot això ajuda que es conegui millor el que està passant a Catalunya. Des d'allà torno a Brussel·les per passar la nit i preparar-me per al viatge a Finlàndia. Em consta que a Madrid ja s'ha anunciat la comunicació dels autos de processament als membres del meu govern que encara estan en llibertat. Per tant, sé perfectament que l'euroordre en contra meva es reactivarà en qualsevol moment. Això no treu que el meu viatge a Hèlsinki sigui molt profitós.

Així que m'assabento, a través de la premsa espanyola, que la reactivació de l'euroordre és imminent, decideixo tornar a Bèlgica. Per dues raons molt senzilles: en primer lloc, perquè no vull obligar un altre país a involucrar-se en el procediment judicial. En la via política és una altra cosa; però això és una qüestió jurídica. I en segon lloc, perquè a Bèlgica hi tinc un equip d'advocats que coneix perfectament el cas i que ja té tota a documentació traduïda al neerlandès. A més a més he instal·lat el meu quarter general a Waterloo, i per tant no vull que em detinguin en un altre país. La meva intenció és, doncs, tornar a Brussel·les per presentar-me davant la policia i posar-me a la disposició de la justícia. Em vaig quedar de pedra quan, estant a la presó, vaig llegir que la premsa espanyola tenia la teoria que volia que em detinguessin a Alemanya. Sisplau! Precisament, l'endemà començaven les vacances de Setmana Santa i la meva família acabava d'arribar a Bèlgica per passar-les amb mi. Tenia ganes de veure-les, d'abraçar-les... Però ja se sap que quan es tracta de Catalunya s'hi val qualsevol atac personal. Fins i tot inventar-se que he calculat la meva pròpia detenció. En principi havia de tornar de Hèlsinki a Brussel·les amb avió. Però llavors la policia finlandesa s'hauria vist obligada a arrestar-me a la frontera. Jo vull fer el que sigui perquè el meu cas es continuï estudiant a Bèlgica perquè és allà on va començar. Així doncs, marxem de Hèlsinki en cotxe. Cap dels trajectes que es van publicar als mitjans és correcte. Per tant, la informació que va donar la premsa espanyola, segons la qual m'havien seguit des de Finlàndia i després havien informat els serveis secrets alemanys, no es basa en cap fet concret. Potser ens van seguir a través dels mòbils, però, en qualsevol cas, no vaig fer la ruta que ells diuen. I tampoc m'acompanyaven les persones que està investigant la policia espanyola.

Sabíem que el moment més delicat era el pas de Dinamarca a Alemanya, perquè aquesta última controla molt les fronteres arran de la crisi migratòria. Si la policia espanyola havia difós la matrícula del nostre Renault, el risc era claríssim. I, efectivament, així que passem la frontera se'ns posen al darrere discretament dos cotxes de la policia. De seguida m'adono del que està passant. Al cap de pocs quilòmetres se'ls afegeixen dos vehicles més, com si ens escortessin. Ara sí que ja no en tinc cap dubte: estic detingut. Des del cotxe mateix truco als meus advocats a Espanya i a Bèlgica per avisar-los i els demano que em donin el nom d'un advocat a Alemanya. En altres paraules, començo a organitzar aquesta nova fase de la meva lluita. Tot plegat passa gairebé sense que es noti. Els mitjans van dir que m'havien detingut en una gasolinera. Això tampoc és cert. No hi ha dia que no escampin alguna mentida. En realitat es tracta d'una detenció tècnica molt amable i molt correcta. Sortim de l'autopista i ens aturem en un lloc on no hi ha res. Al voral de la carretera, els agents em demanen la documentació, confirmen que hi ha una euroordre i em demanen que els acompanyi. Cap problema... Es mostren en tot moment molt professionals. D'entrada anem a una comissaria de la frontera. Allà m'ofereixen un cafè i m'expliquen, visiblement incòmodes, que ells es limiten a fer la seva feina. Segons el protocol, estan obligats a posar-me a disposició de la justícia, que decidirà si haig d'ingressar a presó o no. El problema és que és diumenge. Després de dubtar una bona estona, finalment decideixen portar-me a la presó de Neumünster. En principi per passar-hi la nit, a l'espera de la decisió del jutge. Hem d'esperar unes quantes hores perquè a més a més hi ha també un problema de jurisdicció.

Així doncs, arribo a la presó. M'obliguen a treure'm tota la roba i a vestir-me amb l'uniforme oficial dels interns. Em posen a la cel·la número 127, a la planta baixa de l'ala més antiga de la presó, construïda el 1905. Ja us podeu imaginar, doncs, que de luxes, ben pocs... Hi ha un armari, un llit, una taula, un radiador i un lavabo. Amb una finestra, bastant amunt, evidentment amb reixes. La cel·la es tanca amb una porta pesant, metàl·lica, blindada. Em prenc aquest moment amb filosofia. Ja fa moltes setmanes que estic mentalitzat que estem en guerra contra Espanya. No és una guerra convencional, evidentment, però és un conflicte molt seriós. Per això estic preparat per a qualsevol eventualitat: la presó, l'exili, les amenaces... Aquest episodi d'ara és un més de la mateixa guerra. No és cap drama. Em dic a mi mateix que és una peripècia més per la qual cal passar. Encara que estigui tancat a la presó, la partida no s'ha acabat. Caldrà continuar d'una altra manera. Soc conscient que si soc en aquesta cel·la no és perquè em digui Carles Puigdemont o perquè hagi comès cap crim, sinó perquè soc el president de Catalunya que va decidir, per raons polítiques, una cosa que a l'estat espanyol no li va agradar. Haig de continuar la lluita, no puc deixar-me vèncer pel desànim ni deprimir-me; a més és una qüestió de caràcter. En entrar a la presó he tingut la sensació que tornava a la infantesa, quan vivia en un internat en època de Franco. Amb nou anys em van portar a una escola religiosa en mig de les muntanyes del Pla de l'Estany i la Garrotxa. Vaig estudiar allà uns quants cursos. Era una escola estricta, però no ens castigaven mai amb mètodes violents. Les habitacions de l'internat, que durant la Guerra Civil s'havien fet servir com a presó, no tenien pas més comoditats ni eren més grans que les cel·les de Neumünster. Per tant, tinc la sensació que he retrocedit en el temps. A més a més, quan era adolescent, durant tres o quatre estius vaig anar a passar un parell de setmanes al monestir de Poblet, on convivia amb els monjos. No és que m'agradi la idea de veure'm tancat a la presó, evidentment, però em veig capaç d'adaptar-me a aquest entorn desfavorable. No experimento, doncs, cap daltabaix emocional. Entenc que la gent que ha crescut sense separar-se de la seva família visqui la perspectiva d'entrar a la presó com un xoc insuportable, però no és el meu cas. Jo estic preparat per a això.

L'ordre d'arrest emesa per Espanya m'imputa dos delictes, rebel·lió i malversació. La justícia alemanya ha de determinar si aquestes acusacions són compatibles amb el seu propi Codi Penal i llavors decidirà si m'extradeix a Espanya o em posa en llibertat. En aquest moment em mentalitzo per passar dos mesos en presó, el temps que duri tot el procediment. És lògic. Començo a rebre a la meva cel·la piles i piles de cartes. Cada dia me'n porten una caixa plena. Fins i tot m'escriuen altres interns. La primera carta que rebo ve d'una altra ala de la presó i va acompanyada d'una estelada. Encara em pregunto d'on la devia treure aquest intern. Començo a respondre-les, però em resulta impossible fer-ho amb tothom. Arriba un punt que em fa mal la mà. També rebo molts missatges de ciutadans que no són catalans: d'Alemanya, d'Holanda, de França, de Bèlgica, de Suïssa, del Regne Unit, del Canadà, dels Estats Units... M'escriuen molts europeus per dir-me que és una vergonya que estigui tancat a la presó i per animar-me a continuar lluitant. La meva detenció té un enorme impacte mediàtic. A Alemanya, un país on no es coneixia gaire bé la qüestió catalana, és el *big bang*. Abans d'això ens costava molt entrar-hi, a la premsa alemanya. Però en quaranta-vuit hores la situació s'ha capgirat. A Catalunya, el meu empresonament es viu com un xoc –almenys és el que em diuen; jo no ho visc en directe, esclar. Aquell mateix vespre es produeixen aldarulls a Barcelona. De seguida faig arribar el missatge que no vull violència de cap mena. Em deixen parlar amb la meva dona i les meves filles des de la presó. Em faig el fort, però per dins les emocions són molt intenses. No puc dir que el principi de la meva estada allà sigui agradable: el temps no passa, hi ha moltes hores perdudes... Fins al cap de tres dies no m'arriben els llibres que em porten els meus advocats des de Waterloo. La primera novel·la que llegeixo és un relat molt ben escrit de l'autor croata Miljenko Jergovic, *Ruta Tannenbaum*, sobre la història d'una jove estrella juevocroata durant la Segona Guerra Mundial, impregnat d'una immensa tristor. Potser no és la lectura més alegre estant a la presó. També hi ha una persona que m'envia un esplèndid recull de cinquanta poemes catalans per aprendre's de memòria. Amb això vaig omplint els dies... De seguida descobreixo que el menjar és bastant bàsic, a la presó, però m'hi adapto ràpidament. A més a més són vacances de Setmana Santa, hi ha menys personal i ens hem d'estar més estona del que és normal a la cel·la. Durant quatre dies haig de passar-me vint-i-tres hores a dins de la cel·la, però la veritat és que hi ha un dia que fins i tot decideixo no sortir a estirar les cames. La televisió és en alemany, tret d'un canal d'informació en francès, però no tinc ganes de veure-m'hi... Finalment descobreixo que al teletext hi ha algun reportatge amb subtítols en francès. Com que tampoc m'agrada gaire la televisió, amb això ja faig. El que més abunda són els campionats d'halterofília femenins o els canals de telecompra. És terrible! Per tant la televisió no és una alternativa; la faig servir només per agafar el son. L'única cosa banal que de debò trobo a faltar són els cafès expresso. El de la presó és aigua bruta. Però l'ambient és molt cordial i em sento ben acollit. Un dels presoners que s'encarreguen del menjar i de la neteja m'invita a compartir amb ell una pizza boníssima. Fins i tot firmo autògrafs, perquè la majoria segueixen les meves aventures a la televisió. Els vigilants són molt respectuosos...

Al final aquest episodi acaba amb una victòria per a la causa catalana: tot el món parla de nosaltres, i en general ho fan positivament. L'opinió pública alemanya s'oposa a la meva extradició a Espanya. Rebo el suport polític de partits alemanys com Die Linke. Això no vol pas dir que estiguin a favor de la independència de Catalunya, esclar; no vull enganyar ningú, en aquest punt. Però els preocupa la repressió que està exercint l'estat espanyol sobre nosaltres. Vaig llegir un missatge a Twitter que ho explicava molt bé: a Espanya no paren de dir que a Alemanya a un president d'un land no se li ocorreria mai proclamar la independència, però a ningú se li acut preguntar-se per què no la demanaria ningú i per què no hi ha cap parlament de cap Land que en sigui partidari. Aquesta és la pregunta que s'haurien de fer. I la resposta és que a Alemanya hi ha un federalisme de qualitat. I que l'Estat és respectuós amb aquest sistema. Estic convençut que si a Espanya passés el mateix, no estaríem en aquesta situació. El 5 d'abril del 2018 obtinc una victòria judicial; parcial, però important. El tribunal competent del land de Schleswig-Holstein decideix continuar estudiant la demanda d'extradició d'Espanya, però rebutja l'acusació principal de l'euroordre que acaba de reactivar Madrid, és a dir, el delicte de rebel·lió. És important perquè, políticament, esclar, és l'acusació més seriosa. Em posen en llibertat. Segons m'han explicat, a Catalunya aquesta decisió se celebra com la primera Champions del Barça, amb alegria i emoció... Tot i així, cal dir que per a mi la decisió no és cap sorpresa. Senzillament, perquè tinc molt clar que no soc cap rebel. En realitat això confirma que ho puc demostrar davant una justícia realment independent. El Codi Penal espanyol també és molt clar, sobre aquest tema. ¿És un delicte, declarar la independència de Catalunya? No. Adolfo Prego, un magistrat en excedència del Tribunal Suprem espanyol molt conservador, va escriure en un text jurídic publicat l'any 2016 en un diari que no és un delicte penal. El 1995 es va debatre al Congrés la modificació de l'article del Codi Penal referent al concepte de rebel·lió, arran d'una petició que es va fer en aquest sentit. Abans es considerava que hi havia rebel·lió quan es declarava la independència d'una part del territori espanyol. Després d'aquest debat, el Congrés aprova que es tracta d'una declaració legítima, tret que vagi acompanyada d'un «alçament violent i públic». Personalment, jo sempre he vigilat molt que no es produís cap deriva violenta. És molt més important la paraula. A la conferència que vaig fer a la universitat de Hèlsinki, a Finlàndia, precisament, vaig dir que en les nostres democràcies és molt més poderós un telèfon intel·ligent que una espasa.

Així doncs, al cap de dotze dies surto en llibertat. La decisió, efectivament, no m'agafa per sorpresa, però no m'esperava que fos tan ràpida. M'haig de quedar en territori alemany i comunicar en quin lloc viuré. Naturalment, decideixo instal·lar-me a la capital, Berlín, per continuar treballant i treure el màxim profit de les circumstàncies. Torno a dir-me a mi mateix que mentre quedi partit, s'ha de jugar. És el meu lema. Vull poder-me mirar al mirall i dir-me que he fet tot el que calia per assolir l'objectiu que se'm va encomanar democràticament. No puc desentendre'm de les meves responsabilitats només perquè les circumstàncies no acompanyen. Berlín és una ciutat amb una llarga tradició d'acollida de refugiats i dissidents. Mentre soc allà conec el dissident xinès Ai Wei-Wei, que també viu a la capital alemanya. És una ciutat oberta, molt viva des del punt de vista democràtic, amant de les contradiccions. Jo la coneixia molt poc; hi havia estat tres anys després de la reunificació alemanya, per veure'n els efectes. Hi he descobert una ciutat admirable. M'ha fascinat. M'esperava una capital del nord i m'he trobat amb una ciutat vital, creativa, artística, i amb infinitat de moviments ciutadans i contraculturals. És també una capital molt polititzada, al contrari del que jo em pensava. Ara li recomano a tothom que hi vagi. Llogo una habitació en un aparthotel al cor de l'antic Berlín de l'oest, no gaire lluny de la Kurfürstendamm. Aprofito per trobar-me amb ciutadans catalans que viuen a Berlín i amb responsables polítics alemanys i per participar en debats organitzats per *think tanks.* Concedeixo entrevistes a molts mitjans; rebo moltíssimes peticions. Em ve a veure el meu grup parlamentari, continuo seguint la situació a Catalunya a través de videoconferència per intentar trobar una sortida a la crisi derivada de les eleccions del desembre. Estic disposat a ser el president de Catalunya des de l'estranger, però Madrid se salta la llei que ho permetria. Intento buscar un successor, encara que sigui només de manera transitòria, per evitar que la crisi s'agreugi. Finalment, després d'uns quants intents, la majoria sobiranista del Parlament elegeix el nostre candidat, Quim Torra. És una persona pròxima a mi en qui tinc una gran confiança política.

Tinc present en tot moment que encara em poden extradir, perquè queda encara l'acusació per malversació. També sé que Espanya està disposada a no respectar les regles de joc de les euroordres per acusar-me de ser el cap d'una organització criminal que s'ha gastat dos milions d'euros de l'erari públic per organitzar el referèndum, i així condemnar-me a dotze anys de presó. Ho han dit en articles de premsa. Però en el marc de l'ordre d'arrest europea hi ha un element bàsic: la «confiança mútua» entre països. Per a mi és evident que aquesta confiança mútua no existeix, en el cas d'Espanya, que ha intentat enganyar la justícia alemanya. El meu objectiu és demostrar que darrere d'aquesta demanda d'extradició s'hi amaga una intencionalitat política.

Cada dia m'haig de recordar a mi mateix que em poden tornar a detenir o que em poden extradir. Aquesta és la meva realitat berlinesa. No vull escapar-me, no vull fugir. Ni pensar-hi. Soc aquí en tant que expresident de Catalunya i haig d'assumir les meves responsabilitats. Si la justícia alemanya considera que hi ha motius per extradir-me, n'hauré d'assumir les conseqüències. Esclar que m'espanta, la perspectiva de tornar a Espanya, amb un estat obsessionat per condemnar-me. Per al govern del Partit Popular aconseguir el meu cap seria un argument electoral de cara a les eleccions legislatives, previstes per al 2020 però que es podrien avançar al 2019. Sé que els treu de polleguera que continuï explicant-me allà on vaig. Però és el meu deure.

Finalment, les circumstàncies canvien. El 7 de juny del 2018, després d'una moció de censura contra el govern del partit Popular a causa de tot un seguit d'acusacions per corrupció, es produeix un canvi de govern a Espanya i arriba al poder el socialista Pedro Sánchez. El president de la Generalitat, Quim Torra, viatja al cap de pocs dies a Madrid per trobar-se amb el nou president espanyol i li demana que respecti el dret a l'autodeterminació de Catalunya i que organitzi un referèndum acordat legalment, al mateix temps que es mostra disposat a escoltar quin projecte té Espanya per a Catalunya. El govern de Sánchez continua rebutjant el referèndum i tampoc proposa cap projecte alternatiu. Amb tot, Pedro Sánchez reconeix al Congrés que la crisi catalana és un problema polític i que s'hi han de trobar solucions polítiques. És un primer pas positiu. No hi ha cap compromís concret, però és un canvi de to en relació amb la retòrica extremista del Partit Popular i Ciudadanos. La decisió d'exhumar el dictador Franco i el fundador de la Falange del Valle de los Caídos és d'altra banda un gest important del nou govern que confirma el que nosaltres hem denunciat sempre: que cal posar fi a la influència franquista sobre la societat espanyola que perdura des de la mort de Franco. La fi del període de gràcia del govern Sánchez serà decisiva per confirmar o no aquests primers gestos positius.

El 12 de juliol del 2018 es produeix un altre esdeveniment important: el tribunal de Schleswig-Holstein rebutja definitivament el delicte de rebel·lió i accepta la meva extradició per una suposada malversació, que jo nego. Em deixen en llibertat sota fiança a Alemanya. En aquest moment estic vivint en un poblet de Schleswig-Holstein, a prop de Lübeck. En el terreny polític aquesta decisió judicial és molt significativa, perquè descarta l'acusació més greu en contra nostra. Finalment, la justícia espanyola renuncia a demanar la meva extradició. El 19 de juliol retira l'euroordre per segon cop. És ridícul i al mateix temps dramàtic: el mateix estat que es nega a acceptar la situació jurídica europea manté en presó nou persones acusades de crims que fora d'Espanya no reconeix ningú. Si el sistema judicial espanyol no és capaç d'actuar respectant les regles del joc, pot acabar perdent la confiança d'Europa.

Per a mi s'obre una nova etapa. Torno a la Casa de la República catalana a Valònia, a Waterloo, i puc començar a treballar de manera efectiva en el Consell de la República. Pocs dies abans, el 16 de juliol, el president Quim Torra, Jordi Sánchez i jo mateix fundem la Crida Nacional per la República. La idea és agrupar una àmplia plataforma de gent procedent de diferents tradicions polítiques però que cregui que la prioritat és arribar a consolidar la república. El nostre objectiu és presentar aquesta plataforma a les eleccions i dissoldre-la així que la república es faci efectiva. Sorprenentment, recollim més de 30.000 adhesions en dos dies. Això demostra que cal unitat i que hi ha una voluntat ferma de deixar de banda les disputes ideològiques per concentrar-nos en aquest objectiu compartit.

6

«El meu model és Nelson Mandela.»

La resistència no violenta

De vegades explico que la meva vida corre perill, i no ho dic perquè sí. Tenim al davant un estat que no s'atura davant de res per defensar la unitat de la pàtria. Els líders polítics espanyols ja han afirmat més d'una vegada que estan disposats a tot per aconseguir-ho. Això vol dir que si han de saltar-se els límits de l'estat de dret, se'ls saltaran. Els catalans coneixem molt bé les pràctiques de l'Estat, i no exagerem quan recordem que en el passat ja va fer la guerra bruta contra ETA amb els GAL. ¿Que en aquell cas es tractava d'una organització terrorista? Però és que a nosaltres també ens consideren terroristes! O pitjor encara: caps d'una organització criminal. Demanen per a nosaltres penes de presó comparables a les dels terroristes. Al País Basc no van tenir mai una reacció tan agressiva com la que han demostrat amb l'aplicació de l'article 155 de la Constitució. El País Basc no el van ocupar mai com han ocupat Catalunya. Al País Basc no van suspendre mai l'autonomia. Creieu-me, no exagero en absolut. A mi m'han deixat sense protecció policial. Joaquim Forn, el conseller d'Interior que va gestionar els atemptats de Barcelona, va anar a Madrid per presentar-se davant del jutge i un cop allà va ingressar a presó sense cap mena de protecció policial. En tots els països europeus els exministres continuen portant protecció, sobretot quan hi ha un nivell d'amenaça terrorista tan alt. A casa nostra això no passa. A Catalunya la ultradreta unionista gaudeix d'una impunitat absoluta, pot actuar sense cap restricció. No tenen cap problema per cremar les estelades que hi ha penjades als balcons, per arrencar llaços grocs amb la cara tapada o, en els casos més radicals, fins i tot per agredir físicament. Jo tinc molt clar que soc un objectiu. L'abril del 2018 va sortir la meva cara dibuixada a les pàgines d'*El Mundo* en una diana de dards. Si em van enganxar una balisa sota el cotxe, un dia també m'hi poden enganxar un explosiu.

A part de Martin Luther King, el meu model continua sent Nelson Mandela: la resistència no violenta. Jo el veig com un model de dignitat. És una icona de la meva generació. Per a mi és una font d'inspiració ètica, sobretot pel que va fer després de la fi de l'apartheid. Si s'hagués deixat portar pel ressentiment tothom ho hauria entès, després de tots aquells anys de segregació. Jo mateix sentia vergonya i odi perquè no podia entendre l'apartheid. Però ell, en canvi, ens va donar una lliçó total, immensa: ens va ensenyar què volen dir la fraternitat i la democràcia. Per començar va crear una Comissió de la Veritat i la Reconciliació que no buscava venjança, sinó iniciar un procés per saber què havia passat i després perdonar. Després va incloure els blancs al Govern en llocs de lideratge. És una lliçó que no es pot oblidar! A Catalunya s'ha escrit molt sobre la cultura de la no-violència; és una qüestió que es treballa molt. El moviment sobiranista va elaborar un decàleg que es va distribuir a través dels Comitès de Defensa de la República per iniciar la gent en els principis fonamentals de la no-violència. Gràcies a això no es va produir cap episodi violent al voltant del referèndum. Hem preparat la policia catalana diferent de com es prepara la policia espanyola. Ja fa uns anys que els Mossos d'Esquadra segueixen un protocol segons el qual la violència ha de ser sempre l'últim recurs. És una cosa que requereix el seu temps, però acaba donant els seus fruits.

A Catalunya es una actitud general que es remunta a la pèrdua de les nostres institucions, l'any 1714. Llavors ho vam perdre tot, també l'exèrcit, i des d'aleshores no hem tornat a fer la guerra. Aquesta inspiració es va renovar al segle XX amb la lluita de Gandhi o de Mandela, però els catalans no som, per definició, un poble guerrer. Hi ha pobles a qui els agraden les armes o la lluita; a nosaltres no.

La nostra lluita fa servir sobretot la paraula, l'art, l'economia o la innovació. No podem oblidar que Catalunya ha creat l'himne mundial de la pau, «El cant dels ocells», una cançó tradicional catalana molt antiga. El 1972 el violoncel·lista Pau Casals la va interpretar a l'ONU, i des d'aleshores tot el món la reconeix com un símbol universal. A casa nostra la pau no és una paraula retòrica. La manifestació més massiva contra la gerra de l'Iraq a Europa va tenir lloc a Barcelona l'any 2003. No conec ningú en el meu entorn proper que hagi fet carrera a l'exèrcit. En general sempre donem prioritat a la mediació; hi dediquem molt de temps. Som una societat preparada per a la cultura de la no-violència. A l'escola se'n parla moltíssim, de pau. Quan sento parlar les meves filles d'aquesta capacitat de dialogar per resoldre els conflictes sempre m'emociono. Jo crec que és així com s'aprèn a viure la diversitat com una cosa natural. És així com és construeix una societat de ciutadans.

La república catalana s'ha de fer també amb els republicans que se senten espanyols, que a més sempre tindran el dret de reclamar la reunificació amb Espanya sense que per això se'ls pugui considerar uns rebels o se'ls pugui tancar a la presó. Som membres de la mateixa societat, hem de treballar per tenir un país millor per a tothom, les millors escoles, els millors hospitals, les millors autopistes. La nostra revolució no és identitària. Els drets lingüístics continuaran sent exactament els mateixos, no hi haurà cap retrocés en aquest aspecte. Al contrari, hem d'aconseguir el reconeixement dels drets lingüístics de tothom en la línia de la Declaració Universal dels Drets Lingüístics... Tots aquests ciutadans també han de ser protagonistes de la futura república. Espanya no ens vol reconèixer com un interlocutor vàlid perquè es nega a parlar de totes aquestes coses, de la manera com volem construir la república. Ho lamento i ho denuncio. Pacíficament.

7

«Se’ns ha faltat al respecte.»

La repressió espanyola

Avui, a Espanya, declarar-se independentista està considerat pràcticament un crim, una acció terrorista. Tant representants electes com ciutadans anònims són perseguits judicialment per rebel·lió, sedició i terrorisme. El tracte que rebem per part de les institucions estatals, dels mitjans i d'altres organitzacions dona a entendre que no mereixem cap respecte, ni tan sols a títol personal. Els insults, les mentides, la denigració, la falta absoluta de respecte... tot això s'accepta perquè hi ha una causa superior que cal defensar: la pàtria. El director d'un prestigiós diari espanyol va arribar a confessar un dia que per damunt de la veritat hi ha la unitat d'Espanya.

A causa del referèndum de l'1 d'octubre del 2017 nou persones van ser empresonades a Madrid i altres, com jo mateix, vam marxar a l'exili. Tots nosaltres som perseguits per les nostres idees polítiques. No es reconeix el dret d'una majoria de catalans que han votat ser representats per líders independentistes, de la mateixa manera que d'altres tenen el dret de ser representats per unionistes. Se'ns tracta com a éssers inferiors, com si no fóssim ningú. La dona de Jordi Cuixart, president d'Òmnium Cultural, havia d'anar a visitar-lo a la presó a Madrid cada setmana amb el seu bebè de pocs mesos. 650 quilòmetres d'anada i 650 de tornada. Una televisió suïssa va fer un reportatge acompanyant-la en un d'aquests viatges per il·lustrar l'aspecte inhumà d'aquest empresonament. La reacció dels mitjans espanyols, i no parlo de mitjans qualssevol, va ser denunciar una victimització utilitzant la imatge d'aquest nen. ¿Però quina mena d'ésser humà pot dir una cosa així? Afortunadament, el 4 de juliol del 2018 Jordi Cuixart va ser traslladat a una presó catalana. Però hi ha gent a qui les nostres idees li produeixen tant de rebuig que no sent cap mena d'empatia pel patiment de les famílies. Entre els centenars de cartes que vaig rebre a la presó n'hi havia dues, anònimes, que venien d'Espanya per dir-me que em mereixo «podrir-me a la presó». He posat desenes de denúncies davant la justícia per denunciar delictes d'odi o amenaces cap a la meva persona. Algunes ni tan sols han estat admeses i d'altres no s'han resolt; no n'hi ha hagut cap que hagi donat lloc ni a una simple sanció. He rebut vídeos, missatges de Facebook, missatges amb bales de pistola de perfils anònims falsos... Un dels que m'ha insultat de manera criminal apareix en unes quantes fotos amb agents de la Guàrdia Civil, policies nacionals i líders del Partit Popular a Catalunya. En canvi, una jove dels CDR va ser detinguda per fer ús de la resistència pacífica, acusada de terrorisme i traslladada a Madrid, on el jutge finalment es va repensar l'acusació. Aquesta justícia a dues velocitats genera una impunitat intolerable. Cada dia hi ha unionistes que arrenquen símbols al carrer i cremen estelades. Un fins i tot va provocar un incendi en una casa. A Verges, al Baix Empordà, uns individus van punxar durant la nit les rodes dels cotxes. No es va assenyalar mai cap culpable. Són grups que actuen amb la cara tapada i que potser estan formats per policies. Però el més gros de tot és que la justícia va perseguir l'alcalde, de la CUP, perquè va denunciar amb to irònic que n'hi ha que «de dia van uniformats i de nit incontrolats». Va ser denunciat per incitació a l'odi. A més d'això hi ha centenars d'alcaldes imputats per haver aprovat un decret de suport al referèndum de l'1 d'Octubre.

Els mitjans espanyols mostren un menyspreu total i parlen de nosaltres amb odi. Fins al punt de posar la meva imatge en una diana a les pàgines interiors d'un diari. Si això l'hi haguessin fet al líder del Partit Popular o de Ciudadanos, tothom hauria posat el crit al cel i els autors haurien estat acusats de terrorisme. És el resultat d'una estratègia que l'únic que pretén és deshumanitzar-nos. Ens consideren uns bojos, uns radicals, uns líders manipuladors que no saben diferenciar entre el bé i el mal. Això ha fet que l'opinió pública espanyola ens sigui completament hostil. I això passa cada dia a tots els mitjans espanyols. No se'ns convida mai a explicar-nos amb normalitat o a exposar amb calma les nostres tesis als debats. I quan ens hi conviden, és només per desacreditar les nostres tesis sense donar-nos temps per explicar-nos. Als mitjans espanyols els debats són unilaterals, sense cap respecte per la diversitat d'opinions. Ens veiem sotmesos a un assetjament que no té límits.

Es parla sovint de la Societat de la Informació i de la Comunicació per descriure aquesta època caracteritzada per la irrupció de la informació i la comunicació sense contrastar a la nostra vida. És sens dubte una evolució positiva que atorga poder als ciutadans, però hem d'estar atents als riscos que pot comportar. En efecte, tenint en compte l'evolució dels últims anys, hauríem de reconèixer que estem molt lluny de ser una societat realment informada. Potser seria més acurat parlar d'una «Societat de la Reputació», perquè la gran batalla mediàtica normalment no està orientada al saber, sinó a la percepció. És molt més fàcil crear una determinada percepció que buscar la veritat. Costa molt menys aconseguir una percepció de la bondat o la maldat, del bé o del mal, del triomf o del fracàs, que no pas determinar racionalment la veritat. L'emoció és molt més instantània a través del llenguatge audiovisual, que és un llenguatge imposat, que no pas a través del llenguatge escrit, que requereix un procés de desencriptació més complex. Un vídeo de vint segons pot oferir una aproximació relativament fàcil i ràpida a idees complexes i abstractes. Avui dia un tuit desafortunat, una foto a Instagram o una cadena de *fake news* a Facebook poden destrossar una carrera professional. La propaganda sempre ha intentat colonitzar l'espai de la informació, però actualment, gràcies a les eines de comunicació, sembla que ho tingui més fàcil que mai. Un tuit infame pot tenir més influència que un article d'opinió favorable en un mitjà tradicional. En 180 caràcters es pot crear una percepció, però mai es podrà explicar la informació de manera rigorosa i completa. Sempre m'agrada dir que, encara que estigui demostrat que l'amor a primera vista és possible, la veritat a primera vista no existeix. Has de contrastar moltes coses i investigar molt per anar més enllà de la propaganda. Avui dia hi ha gabinets de comunicació que fan servir el *big data* per vigilar permanentment les converses dels seus competidors a les xarxes socials per atacar la seva reputació i instal·lar una determinada percepció. De cop i volta, per exemple, s'alça una onada d'agitació per desacreditar un ingredient d'un conegut producte alimentari i una cadena d'experts s'afanya a entelar la reputació de la marca en 180 caràcters. Això no seria tan greu si aquesta mena d'informació no colonitzés els textos periodístics tradicionals, que abans eren molt més impermeables a qualsevol font que no fos un teletip d'una agència de premsa o la seva pròpia xarxa de corresponsals. Si la dictadura del clic és possible és perquè, al cap i a la fi, el clic té un valor quantificable. Els directius dels mitjans actuen i prenen les seves decisions mirant els seus portals i els seus perfils socials i basant-se en les paraules clau més buscades a Google. Si veus que les paraules *Juncker* i *ciàtica* tenen més cerques, pots estar segur que la majoria de mitjans intentaran publicar notícies sobre els efectes d'aquest trastorn en la política europea. Aquest control dels clics en temps real condiciona les prioritats de l'actualitat, la seva durada i la seva profusió. És la versió moderna dels índexs d'audiència i de la venda de diaris i revistes, però molt més precisa i immediata.

Un pensador europeu, el filòsof holandès Luuk van Middelaar, es va preguntar públicament per què no organitzàvem un referèndum a escala estatal preguntant sobre la independència de Catalunya, tenint en compte que afectava tot el país. D'entrada li respondré que oficialment cap responsable polític ha proposat aquesta opció, i per tant no es pot discutir una oferta que no existeix. Però si Espanya ho proposés, estaríem disposats a parlar-ne. Jo no tancaria aquesta porta. No és el procediment habitual en un procés d'autodeterminació, però tot i així en podríem parlar. ¿Per què? Perquè per a nosaltres el més important és que es reconegui d'una vegada que la qüestió catalana és un problema legítim sobre el qual s'ha de parlar i que s'ha de solucionar a través d'una via democràtica. Encara que perdéssim aquesta consulta, hi hauríem sortit guanyant. Fins i tot encara que, com és previsible, la majoria dels espanyols hi votés en contra, seria un senyal claríssim que la majoria de catalans s'expressés a favor de la independència. En aquest cas tot el món sabria que Catalunya havia votat a favor de la independència. Hi ha un corrent de pensament contrari al referèndum que acusa aquesta consulta popular de ser una eina pròpia dels populismes. Jo crec que un referèndum no pot ser ni sacralitzat ni ignorat. No és més que una eina més dels sistemes democràtics per resoldre problemes complexos que van més enllà d'una simple opció ideològica o un programa de govern. N'hem vist molts, i més que en veurem. El problema és crear les condicions necessàries perquè aquest referèndum sigui efectivament una eina que permeti resoldre una qüestió nacional. Seria molt decebedor que l'únic argument per oposar-se a la celebració d'un referèndum d'autodeterminació per a Catalunya fos que no és l'eina adequada. Un referèndum sobre la independència de Catalunya a tot Europa no tindria gaire sentit, perquè aleshores també hauria estat lògic que el Brèxit s'hagués decidit a través d'una consulta organitzada a tots els països de la Unió Europea. La nostra proposta no és un referèndum sobre la independència de Catalunya en el conjunt d'Espanya, però si és l'única manera que l'Estat respecti el dret a l'autodeterminació, l'haurem d'estudiar. Si l'Estat cridés realment a un referèndum sobre la independència de Catalunya a les disset comunitats autònomes, almenys en trauríem dues coses: d'entrada, que s'acceptés un dret que en aquest moment l'Estat no vol aplicar; i després, que podríem comptar quants catalans s'inclinen per una i altra opció en un referèndum que se celebraria sense violència policial, sense campanyes de boicot per part dels partits unionistes i amb l'esperat intercanvi d'opinions i d'idees, com és natural. Quan algú reconeix el dret de Catalunya a l'autodeterminació no pot mantenir-se indiferent al que decideixin els catalans.

L'estret lligam amb la bandera espanyola i amb l'himne nacional demostra un nacionalisme d'estat. A Catalunya la senyera també es un símbol molt important, però hi ha una diferència clau: que la majoria de catalans no creu que cremar una senyera sigui un delicte. Ningú hauria d'anar a presó per fer una cosa així o per xiular l'himne nacional. Per a nosaltres és inconcebible. La nostra identitat nacional no necessita imposar-se per la força, és el resultat d'una decisió voluntària. Jo em sento català, però ningú m'ha obligat a ser-ho. En canvi, m'obliguen a ser espanyol: aquesta és la diferència. M'agradaria que quedés molt clar que respecto els símbols dels altres i que no estic gens d'acord amb la idea de cremar la bandera d'Espanya. Jo no ho faria mai i no aconsellaria mai a ningú que ho fes. Dit això, però, defenso el dret de fer-ho igual com defensaré el dret de la gent a xiular-me en tant que president de Catalunya perquè no estan d'acord amb les meves propostes polítiques. Per a mi la línia vermella és la incitació a la violència. Ens hem de remetre sempre al marc establert a la Declaració Universal dels Drets Humans: violència, no; llibertat d'expressió, sí. De vegades aquests excessos són l'única manera que tenen alguns grups socials de fer-se sentir, si no tenen al seu abast els mitjans o un suport econòmic o institucional. La democràcia també és això. Els estats que són estats haurien de recordar qui els va atorgar el dret d'esdevenir un estat. No és el fruit de cap voluntat divina. Però aquests estats actualment consideren que són els únics que poden fer servir els símbols d'un nacionalisme exacerbat i exalçar l'orgull patri sense que se'ls acusi de ser nacionalistes. Respecto que s'emocionin quan senten el seu himne nacional, però també espero que acceptin que altres ens puguem emocionar sentint-ne un altre. ¿Per què quan fem aquesta afirmació a Catalunya som nacionalistes i quan la fan a Espanya no? No ho entenc.

Europa es va crear arran de la voluntat dels ciutadans de compartir un ideal de pau, democràcia i unitat, però amb el temps ha anat evolucionant i ara només reconeix la unitat dels estats. Aquesta desconnexió dels valors inicials amenaça l'existència d'Europa. Una Unió formada només pels estats i les grans empreses no té res a veure amb la idea dels pares fundadors, que per a mi continua sent la referència. Més enllà de la unitat dels estats, el més important és la unitat dels ciutadans, les seves llibertats i els seus drets... Europa va néixer de la voluntat d'importants figures de la democràcia cristiana: Schuman, Adenauer, de Gasperi... Aquests líders compartien els valors europeus dels quals bevia la política després de la Segona Guerra Mundial: la reconciliació basada en valors ètics i morals era més important encara que la reconstrucció. La caiguda de la democràcia cristiana a Itàlia i la berlusconització de la política marca l'inici de la crisi del procés de construcció europea. La desaparició progressiva d'aquesta democràcia cristiana a tot arreu, substituïda de mica en mica per una dreta més dura, ha provocat un moviment generalitzat marcat per l'aparició de les *fake news*, el control dels mitjans, el populisme, l'absència de valors ètics i morals... Tot plegat ha inspirat l'evolució del Partit Popular europeu amb partits que han trencat amb els valors fundacionals a Hongria, a Espanya i fins i tot a Polònia, tot i que allà el partit conservador que hi ha al poder no sigui membre del Partit Popular europeu. Amb tot, la democràcia cristiana havia estat creada en part per un partit català i un partit basc, que ja no en són membres des que l'arribada del Partit Popular ho va capgirar tot. El Partit Popular espanyol és l'única dreta europea que no ha lluitat contra el feixisme i el nazisme, sinó al contrari. Els valors inicials de la democràcia cristiana de la qual jo parlo són l'humanisme i la fe en l'home. Troba la seva expressió política en els Drets Humans. És una visió de la societat que reposa en uns valors que ja es trobaven en el cristianisme: la igualtat i la fraternitat. Sense un sentit religiós, sinó laic, en realitat són els valors republicans. Això és el que ha construït la idea d'Europa que tant ens apassiona: la fraternitat entre un belga, un polonès o un català, així com la igualtat, la pau, el respecte, la no-violència i el reconeixement de l'altre. La ruptura que volen els catalans sorgeix precisament d'aquest allunyament dels valors profunds d'Europa. Si la Unió pogués protegir els drets de tots els ciutadans europeus, si pogués exigir als estats que els respectessin i que es comprometessin amb la democràcia, no seríem on som.

En el marc d'una Europa del diàleg seria inconcebible que el resultat d'un referèndum legal com el que es va fer a Catalunya l'any 2006 pogués ser alterat per uns quants jutges d'un Tribunal Constitucional. «Podeu votar, però el que decidiu us ho canviaran de dalt a baix deu persones nomenades pels dos partits majoritaris.» ¿De què serveix passar-se un any i mig dialogant, arribant a acords i convencent la població, si la decisió final la té un tribunal format per militants de partits polítics? És una contradicció amb els valors democràtics europeus.

L'evolució política d'aquests últims anys és preocupant, amb l'aparició de Berlusconi, Aznar, Sarkozy: una dreta dura, una mica autoritària, encapçalada per líders forts que menyspreen els altres i que necessiten una majoria absoluta per governar... Ens pensàvem que a partir del Tractat de Maastricht, el 1992, tindríem una Europa en què el pes dels antics estats es diluiria per donar més pes a les regions i als ciutadans. Ens pensàvem que aquesta seria la conseqüència directa del principi de subsidiarietat, amb una harmonització europea que aniria acompanyada d'una delegació més gran cap a nivells de poder més pròxims. Però el que ha passat ha estat precisament el contrari. Aquesta onada d'autoritarisme ha trasbalsat Europa. Ha suposat l'inici d'un procés de retrocés democràtic que, si no vigilem, pot evolucionar cap a una dictadura tova.

¿Potser és l'expressió de la por dels estats? ¿Potser Espanya té por de perdre Catalunya? Jo crec que és més aviat una por de perdre el control de la societat i el poder econòmic. Qui té por de perdre el control són les elits que encara controlen els estats. Però això no és democràtic... Ara com ara els estats europeus ja no escolten els seus ciutadans, per desgràcia. Han creat un búnquer i a dins hi han tancat l'ideal europeu. Amb tot, estic convençut que el que volen els ciutadans és viure millor, amb una administració més eficaç, més pròxima i més transparent.

Catalunya va tenir una contribució molt important en l'entrada d'Espanya a la Unió Europea. Els catalans ens sentim europeus des de l'Edat Mitjana. Estàvem convençuts que seria una oportunitat. Però ha estat al revés. El club privat dels estats i les elits controlen Europa sense tenir el respecte que caldria pels ciutadans, que s'han de limitar a obeir i acceptar-ho tot, com si no tinguessin prou criteri. Quan es va produir l'adhesió, a Catalunya no hi havia aquesta demanda d'independència. Estàvem convençuts que l'evolució de l'Espanya moderna, en el si d'una Europa descentralitzada, acabaria confluint amb el nostre projecte de tota la vida. Volíem disposar d'eines per determinar el nostre destí, volíem ser el fruit del nostre propi esforç: això és el que vol el catalanisme polític des de sempre. No reclamàvem específicament ser un estat.

Aquesta Europa ens havia d'ajudar a generar el paper que Catalunya somia tenir, també per millorar la democràcia. Per desgràcia, la desaparició de la democràcia cristiana, juntament amb la reculada de la socialdemocràcia, ha provocat un retrocés pel que fa a la corrupció i el populisme. És una desgràcia per a Europa. Avui Catalunya reclama que li deixin ser un actor per demostrar que hi ha altres maneres de fer i de concebre la política i la relació amb el ciutadà, perquè el que està passant a Espanya i a Europa no ens agrada. La nostra «revolució» també té una mica d'això. Ara el meu partit forma part de l'Aliança dels Liberals i Demòcrates per Europa de Guy Verhofstadt. Ens hi trobem bé, però l'arribada de Ciudadanos ha provocat un canvi radical pel que fa la posició del grup en la qüestió de Catalunya. Per això hem obert un procés de reflexió de cara al futur. Sempre hi ha una força o altra que ens vol neutralitzar, que ens barra tots els camins que ens permeten expressar-nos amb normalitat. Sí, ens sentim orfes dels valors fundacionals d'Europa, però tanmateix, tot i la crisi actual, no hem perdut l'esperança, perquè encara tenim el suport popular i cert domini sobre l'agenda política. Segons els càlculs dels membres del Govern espanyol, a hores d'ara ja hauríem hagut de desaparèixer, hauríem d'estar desmobilitzats o hauríem de ser a la presó. I ells s'estarien repartint el poder a Catalunya i ballant sobre la nostra tomba. Però no ha anat ben bé així: hem guanyat les eleccions, hem continuat vius i hem internacionalitzat la qüestió més que mai. Això explica en part la guerra de nervis que hi ha a l'estat espanyol. No ens hem deixat vèncer per la repressió, hem actuat dins d'una lògica de resistència. Hem d'entendre i acceptar que tot això demanarà el seu temps, que ens caldrà anar canviant de tàctica. La nostra estratègia general és continuar sent-hi i fent pressió per aconseguir un diàleg polític. Si no resistim, no quedarà ningú per dialogar. És el que ells esperen aconseguir, evidentment. Però fins ara hem sabut fer front a l'enorme ofensiva de l'estat espanyol contra nosaltres. Som vius i continuem avançant i lluitant pels nostres drets personals i col·lectius. I eixamplant el debat al que és: una lluita democràtica.

Els catalans sempre hem estat a l'avantguarda del moviment democràtic. Quan va morir Franco, Pierre Vilar, un historiador francès especialitat en la història de Catalunya, va publicar durant uns mesos tot un seguit d'articles a *Le Monde Diplomatique* per exposar aquesta idea. En aquell moment hi havia un debat europeu sobre la democràcia espanyola. Pierre Vilar explicava que Catalunya era una societat europea evolucionada en el terreny de la democràcia i que havia de fer el paper de motor democràtic d'Espanya, cosa que modestament vam fer. En l'àmbit social o en la diversitat d'opinions polítiques, Catalunya s'assemblava a Europa. Avui podem dir que Catalunya és a l'avantguarda democràtica d'Europa. Volem despertar els ideals que estan desapareixent. Estem lluny, molt lluny, dels moviments populistes antieuropeus que estan sorgint per tot arreu. Nosaltres representem els valors europeus. La crisi catalana és una oportunitat per als demòcrates europeus decebuts amb el retrocés de la socialdemocràcia i el monopoli del Partit Popular europeu. Estic convençut que el que pensem a Catalunya és compartit en molts països europeus. Emmanuel Macron parla de la necessitat de tornar a crear a escala europea una gran força de centre moderada, davant d'una dreta i una esquerra cada cop més radicals. En el terreny teòric sona molt bé. Però després hi ha els fets. Macron està molt a prop de Ciudadanos, un partit més radical encara que el Partido Popular, defensor d'un nacionalisme espanyol fanàtic, i això no és el centre, precisament. Per a mi afirmar la pròpia d'identitat d'una manera extremista no és ser moderat.

8

«La Catalunya del Barça»

El valuosíssim suport social

Durant el partit de Champion's League contra la Roma al Camp Nou, el 4 d'abril del 2018, molts espectadors van brandar banderoles amb l'eslògan «Llibertat». És important que la massa social del Barça, els socis, se sentin connectats amb aquesta realitat. El Barça va ser fonamental en època de Franco perquè era l'únic espai –l'únic!– on la gent podia fer una mica de catalanisme públic. En aquella època el crit de guerra era «Visca el Barça, visca Catalunya». A causa d'això el club va tenir molts problemes durant la dictadura. Per això diem que és «més que un club». El Barça no és només futbol, és el reflex de la societat catalana. Durant molt de temps també ha estat l'element més conegut de Catalunya a l'estranger. El Barça és un club de futbol diferent de tots els altres. No és una societat anònima, és una associació cívica. No hi ha propietaris ni accionistes; són els socis els qui trien la directiva. El seu comprimís solidari mostra el que es viu a Catalunya, demostra que el desig d'independència no és una bogeria de quatre dirigents polítics, sinó una cosa real. Quan el Barça juga a casa del Real Madrid o a qualsevol altre estadi espanyol, el reben amb la bandera espanyola i cantant el «Viva España». És una manera de reconèixer, per defecte, que la bandera espanyola no representa aquest equip. Seria injust per als altres clubs catalans dir que el joc que practica el Barça representa Catalunya, però sí que hi ha un esperit en el qual ens reconeixem, una manera de jugar oberta, sense especular, amb qualitat, amb creativitat, amb talent... Quan l'holandès Louis van Gaal va ser entrenador del primer equip, a finals de la dècada dels noranta i principis d'aquest segle, va guanyar molts títols, però una part important de l'afició estava enfadada amb ell: feia un futbol digne del Real Madrid. El Girona, que acaba de tancar la seva primera temporada a primera, també fa un futbol ofensiu i generós, encara que al final perdés 6 a 1 contra el Barça. Va perdre, sí, però nosaltres estem orgullosos d'aquesta actitud positiva en el futbol. És evident que el Barça assumeix un risc, demostrant el seu suport públicament. Podrien perdre patrocinadors, per exemple. Però Catalunya està acostumada a aquesta mena de lluita. No fem servir bombes ni violència, però som capaços de lluitar amb dignitat.

Els catalans som un poble amant de l'estètica. Es nota per exemple en la gastronomia: la cuina que hem creat és molt elaborada des del punt de vista plàstic. No cuida només la qualitat culinària, el gust, sinó també l'aspecte, la textura, els colors... Ha de ser una simfonia per als ulls. A vegades, sobretot a Espanya, s'equivoquen i ens diuen que som uns tous perquè no som adeptes de la violència física. Pensar això és un error. Al contrari: els catalans som forts, però d'una altra manera, d'una manera col·lectiva. Amb eines diferents, com la paraula, la negociació, la cultura, la música, una actitud creativa, l'humor... Quan la Guàrdia Civil va publicar un informe sobre l'1 d'Octubre citant un poble anomenat Sant Esteve de les Roures vam reaccionar amb un tsunami a les xarxes socials per donar vida a aquest municipi imaginari. És genial.

El 2010 vam ser la segona comunitat autònoma espanyola on es van prohibir les curses de braus, després de les Canàries. Curiosament, sis anys després, el Tribunal Constitucional va anular la llei que havíem promulgat nosaltres però no la de les Canàries. A la gent de la meva generació tant se li'n donen les curses de braus, ens resulta un espectacle completament aliè. No vam votar aquesta prohibició per motius identitaris, per desafiar Espanya, sinó per protegir els drets dels animals. Jo no vull viure en una societat que d'aquesta tortura en fa un espectacle. La llei es va votar i l'any 2012 es va començar a aplicar. Però al Partit Popular espanyol no li va fer gens de gràcia perquè creia que l'art de la tauromàquia era un patrimoni cultural nacional i que per tant era una qüestió de competència estatal. Ho va denunciar al Tribunal Constitucional i va guanyar. Això vol dir que ara es podrien tornar a fer curses de braus a Catalunya, però no se'n fan. La realitat és que de mica en mica estan desapareixent a tota Espanya. Als joves ja no els interessen. Ja no hi ha negoci. La Monumental està gestionada per un empresari privat que la lloga per fer-hi espectacles. I està bé que sigui així. També es van prohibir les pilotes de goma. La decisió es va prendre després d'un incident en què una persona va perdre un ull. Es va fer un debat i es va decidir prohibir-les. Però quan la policia espanyola va venir per a l'operació excepcional de l'1 d'Octubre va fer servir bales de goma, i el dia del referèndum una persona va perdre un ull. Això demostra que per a ells les competències del nostre Parlament no compten per res. Aquestes coses passen constantment, i arriba un punt que cansa. De les últimes vint-i-sis lleis adoptades pel Parlament català, més de la meitat han estat atacades, anul·lades o discutides per Madrid, perquè sempre sospiten que ens podrien servir per construir estructures d'estat. Si això no és pirateria...

9

«Catalunya és un laboratori ciutadà.»

El projecte alternatiu d'un estat català

Els catalans estem convençuts que la democràcia no durarà per sempre si no treballem cada dia per millorar-la. Em revolta la idea ingènua que els temes controvertits val més no tocar-los. Jo no crec que sigui assenyat pensar que tot va bé. Estem assistint a un augment del racisme i la xenofòbia a tot Europa. Contra l'islam, conra els jueus, contra tots els qui són diferents. No podem fer com si això no existís. Em preocupa molt que hi hagi cada cop més joves permeables a aquestes idees. Segurament no recorden el que poden provocar aquests nacionalismes d'estat. Quan de vegades els nostres adversaris comparen els independentistes amb els nazis el que fan és menysprear la memòria de tot el que va representar el nazisme. Si continuem tolerant aquests excessos correm el perill d'assistir durant els pròxims anys a un seriós retrocés dels valors a Europa. ¿Com hem de reaccionar? Jo crec que s'ha d'escoltar el clam dels ciutadans actius i progressistes que volen un canvi. Precisament la qüestió catalana hi pot contribuir, perquè no és una qüestió nacionalista ni autonomista. Si fos així, ja seríem independentistes fa quaranta anys, perquè aleshores ja hi havia tots els elements que configuren la identitat política catalana. El que volem ara és evitar el fracàs definitiu de la transformació d'Espanya en una autèntica democràcia basada en els principis de la Declaració Universal dels Drets Humans, és a dir, en la voluntat dels ciutadans. Els catalans volem ser el resultat del nostre propi esforç, tant en el terreny material com en l'espiritual. No som egoistes, volem continuar sent solidaris, però decidint nosaltres, autònomament, quina és la millor manera de gestionar aquesta solidaritat, amb qui i per què. Si volem ser una economia oberta al món, hem de tenir les eines necessàries per créixer més ràpidament. Si volem ser un país on no existeixi la pobresa, hem de tenir recursos per lluitar contra l'exclusió i la desigualtat. I durant els últims anys hem constatat que tot això no ho podem fer en el marc de l'estat espanyol. Per això mateix som independentistes.

El nostre objectiu és construir un nou país per tal de millorar la democràcia. Aquesta evolució, la construcció d'una república del segle XXI, profundament democràtica i digital, implica forçosament que els ciutadans hi tinguin un paper diferent. No és una revolució clàssica que vol destruir el sistema; és una revolució que es vol posar al costat del sistema per millorar-lo. Hem arribat a un moment en què la societat catalana pot demostrar a Europa que ha assolit un grau de maduresa susceptible de posar el talent i el coneixement al servei de la causa comuna. La Catalunya actual és una de les societats més ben preparades de la història. Cadascun de nosaltres és una mica responsable de la república. La democràcia catalana no viu únicament a través de la delegació de poders als parlamentaris o als càrrecs electes locals; és el fruit de la participació de tota la població, que pot ser consultada constantment. És precisament el contrari del que fa el populisme, que es limita a repetir un eslògan per aconseguir vots. Nosaltres proposem incorporar un actor decisiu a la cadena de presa de decisions clàssica: la ciutadania. De manera permanent. Actualment la tecnologia permet integrar aquesta nova dimensió, però aquesta evolució és principalment el fruit de tots els nostres esforços i tot el que hem invertit per construir una societat culta, educada, democràtica, plural, multilingüe, multicultural i internacional. Tot això que hem aconseguit pot contribuir a millorar el bé comú. Renunciar a aquesta possibilitat és un luxe que no ens podem permetre. Avui hi ha metges, músics, arquitectes, poetes, mestres i mecànics que volen contribuir a aquest projecte sense haver de fer-se polítics.

Aquest projecte alternatiu, profundament ciutadà, entronca amb una característica molt antiga de Catalunya:

el desig permanent de pau i de concòrdia. No som una nació militar, violenta, imperialista o expansiva. Al contrari, mirem cap al comerç, la cultura, el pacte, la possibilitat de parlar amb tothom. En aquest moment tot això és possible gràcies a la democràcia, la globalització, la tecnologia i la desaparició de les fronteres a l'interior de la Unió Europea. En certa manera és com si el model suís s'hagués convertit en el model de futur d'Europa, el d'una democràcia que va de baix a dalt. El poder pertany als ciutadans, que són responsables perquè, gràcies a un bon sistema públic d'educació, hi ha un alt nivell de coneixement. La solució no és controlar, prohibir i manipular, sinó formar millor els nostres ciutadans per transformar-los en actors de la societat. Cal acompanyar la gent en la seva ciutadania digital perquè prengui consciència de les seves responsabilitats envers la col·lectivitat. Ja ho va dir Joan Fuster: «La política, o la fas o te la fan.» I tenia raó. Avui dia, si renunciem a ser ciutadans compromesos i actius, correm el risc de deixar que el món caigui en una deriva molt fosca. El desenvolupament dels nous mitjans a través de les noves tecnologies permet que la democràcia triomfi. A Catalunya, si haguéssim depès només dels mitjans tradicionals, el moviment ciutadà dels últims anys no hauria existit. I és que la majoria d'aquests mitjans eren contraris al nostre plantejament. Però la nova realitat no és aquesta. Els ciutadans, la majoria formats, s'autoorganitzen i gestionen la seva pròpia identitat. Això és el que permet avui la tecnologia a través dels grups de WhatsApp, Telegram, Twitter, Instagram, Facebook, Linkedin... És una forma de revolució responsable. Avui dia és perfectament possible posar-se d'acord de manera privada, compartir idees i després trobar-se per formar una comunitat. I això és el que permet defensar la democràcia. Va ser així com es va poder fer el referèndum de l'1 d'Octubre del 2017: sense violència però de manera eficaç. A Catalunya aquesta mar de fons democràtica és possible perquè entronca amb una llarga tradició de societat civil. Una de les conseqüències de la pèrdua de sobirania catalana el 1714 no va ser l'aparició d'una oligarquia, sinó una organització civil que s'ha perpetuat al llarg dels segles. Va ser sobretot això el que va engendrar l'explosió cultural de principis del segle xx. Catalunya era un estat sense administració i el seu progrés el va finançar la burgesia invertint en arquitectura, en literatura, en música... En el terreny de la sanitat, molt abans que nasqués la seguretat social, a Catalunya ja hi havia una xarxa amb mútues privades, associatives, per garantir una atenció de qualitat. I el mateix passava amb l'escola. Tot això va néixer sense que hi hagués un poder polític. Impulsat per l'energia ciutadana. Tot plegat ha creat una societat que està acostumada a organitzar-se sense esperar que l'estat hi intervingui per dir-li el que ha de fer. Per això sempre hi ha hagut aquesta cultura anarquista i alhora liberal. Si vull exportar els meus productes, no esperaré l'ajuda de l'administració; m'espavilaré i em posaré en contacte directament amb un intermediari que hi estigui interessat. A casa nostra la societat civil sempre ha anat un pas endavant dels poders públics. Avui, a més, disposa dels mitjans necessaris per fer sentir la seva veu. De la mateixa manera, també ha arribat el moment de la societat civil europea, que pot allunyar la deriva del nacionalisme en alguns estats.

¿Per què es va poder evitar la violència a Catalunya, per exemple? No és només perquè la nostra policia va vetllar perquè no n'hi hagués, sinó també perquè la societat civil va impedir que ningú se sortís del guió. Perquè s'autocontrola. Quan un ciutadà veu que algú fa una cosa contrària als nostres principis li diu «Així no!», sense que calgui cap intervenció de l'estat. Aquesta és la transformació definitiva que es pot produir gràcies a la societat civil. Catalunya és un laboratori ciutadà destinat a impedir que el populisme intervingui en la cadena de presa de decisions, ja sigui a escala de país o a nivell municipal. Estem treballant per trobar una manera de controlar millor el Govern i el Parlament... Votar quan hi ha eleccions està molt bé, però amb això no n'hi ha prou. Per això hem d'evolucionar del carnet d'identitat a la identitat digital. El carnet d'identitat actual, sobretot en el cas d'Espanya, és gairebé un fitxer policial. Te'l dona la policia i el controla la policia. Com si l'adquisició de la ciutadania fos una cosa sospitosa per ella mateixa. Però el document que representa la ciutadania te l'hauria de donar la institució que representa aquesta ciutadania, és a dir el municipi, com passa en molts països. Hem d'evolucionar; hem de passar de l'obligació de ser ciutadà a la voluntat de ser ciutadà. Ja ho sé, que és utòpic, però jo em trobaria còmode en una Constitució catalana que en lloc de decretar qui és català i qui no ho és oferís la possibilitat de ser-ho a tothom que ho volgués. La ciutadania és la primera garantia que pot oferir una república. Pot haver-hi, evidentment, catalans que no se sentin catalans; ha de ser el resultat d'una voluntat. Actualment puc triar lliurement el meu déu; ara totes les constitucions democràtiques protegeixen el dret de cadascú a creure o a ser ateu, però fa pocs segles negar l'existència de Déu era considerat un crim i t'hi jugaves la vida. Per sort hem evolucionat i hem aconseguit canviar la llei divina. Avui pots néixer home i acabar sent dona; tenim el dret, legalment emparat, de canviar de sexe i ser respectats i reconeguts oficialment amb un sexe diferent del que teníem en néixer. Fa pocs anys era impossible en moltes legislacions. L'homosexualitat estava considerada com una malaltia i un crim. El patiment humà generat per això va ser terrible i encara ho és en molts països. Per sort hem evolucionat i hem aconseguit canviar el que es considerava una «llei de la naturalesa». ¿Per què la ciutadania i la nacionalitat no poden ser fruit també de la voluntat? Esclar que pot ser controlat per l'administració, però tot es podria millorar si féssim confiança als ciutadans. ¿Que no són ells els primers interessats que els serveis públics funcionin bé? ¿Que no són ells els primers interessats que la democràcia respecti les opinions de tothom? És per això que hem de formar les persones perquè es converteixin en ciutadans, i no només en electors, consumidors o militants. Això vol dir també desenvolupar l'esperit crític: que la gent voti un partit una vegada no vol dir que l'hagi de votar tota la vida.

A Suïssa hi ha consultes populars constantment. Si ja era així en temps del paper, a l'era digital és encara més fàcil. Es tractaria d'una identitat digital positiva, no policial, que permetria gestionar tots els aspectes de la vida: salut, fiscalitat, cultura, mobilitat... I també podria incloure una aplicació que permetés votar. Em direu que tot això us fa pensar en el Gran Germà. En absolut: avui dia les tecnologies d'encriptació permeten protegir la xarxa. Si tens la clau de les teves dades, pots decidir quines vols compartir i quines no. Ets amo de la teva identitat. Perquè això fos així l'estat hauria d'entendre que ets important per a ell, que et pots replantejar la teva ciutadania constantment. Aquestes consultes podrien ser sobre les grans preguntes al voltant del futur de la república. Es podria preguntar als ciutadans quina opinió tenen sobre pràcticament qualsevol tema. En última instància, la decisió final continuaria sent dels responsables polítics, d'acord amb la seva consciència. Però també podrien ser consultes sobre coses més concretes i locals. L'ajuntament podria saber cada dia l'opinió de la gent sobre qüestions com ara la recollida d'escombraries o la mobilitat. Seria un diàleg permanent. Hem de tenir sempre present l'article 21.3 de la Declaració Universal dels Drets Humans: «La voluntat del poble és el fonament de l'autoritat dels poders públics.» I no al revés.

La meva experiència com a alcalde de Girona demostra que si dones poder als ciutadans i els fas confiança, el resultat és molt positiu. Abans de la revolució de les tecnologies de la informació i la comunicació hi havia el risc que una minoria molt mobilitzada cridés més fort que els altres, però ara això es pot controlar perfectament. Quan era alcalde vaig obrir la porta a la participació de la gent als plens municipals públics de l'Ajuntament. Ara poden presentar propostes sense passar per cap representant. Tenen dret d'expressar-se. Si un col·lectiu de taxistes, per exemple, vol cridar l'atenció del ple sobre un problema en concret, ara té una línia directa per fer-ho davant de tot el ple. L'experiència demostra que en realitat els ciutadans són molt més responsables i més respectuosos que els polítics, i que no es dediquen a fer demagògia ni a insultar. A més a més no ho aprofiten per convertir el ple en un teatre. Són seriosos, estan orgullosos que s'escolti la seva veu i estan convençuts de la seva responsabilitat. A mi em va sorprendre molt positivament. Esclar que sempre hi haurà accidents o errors, però m'estimo més gestionar això que posar entrebancs al perfeccionament de la democràcia. També vam decidir transformar una part del pressupost de la ciutat en pressupost participatiu. Eren diners que ja estaven destinats a certs barris en concret, però qui en decidia l'afectació era el govern municipal. Ara, en canvi, són els ciutadans els qui decideixen les prioritats partint de la mateixa quantitat. En acabat els ciutadans de cada barri en qüestió poden votar a través d'una aplicació segura. Al principi els vam haver d'acompanyar en tot el procés, però ara ja ho veuen com un dret indispensable, encara que els índexs de participació no siguin tan elevats com es podria esperar. De cara al futur es gestionarà una part més important del pressupost d'aquesta manera. Ara ja hi ha gent que reclama aquesta participació o que aporta les seves pròpies idees a la visió de la ciutat. ¿Per què hi hauríem de renunciar? Això ja no és un laboratori; és la realitat! Ha arribat el moment de millorar en profunditat la nostra democràcia sobre aquesta base ciutadana i constructiva. Quan dic que la democràcia s'ha de construir des de baix fins a dalt em refereixo a això. Al País Basc ha nascut una iniciativa de micromecenatge anomenada Bizkaia. Es tracta d'una plataforma que permet a inversors internacionals involucrar-se en projectes proposats per la comunitat autònoma. Això també és interessant, perquè es tracta d'una alternativa al sistema financer tradicional que permet atraure suports de tot arreu partint d'una convicció.

A Catalunya s'està produint una gran revolució en l'àmbit energètic. Som un país amb un excedent d'hores de sol que no s'aprofita prou per produir electricitat. ¿Per què? Perquè hi ha un sistema de producció i distribució energètica completament monopolista i que està en mans de grans empreses molt interconnectades amb el poder de l'Estat. Això fa que tinguem un sistema energètic ineficaç, poc sostenible, car i poc segur. No som autònoms, no podem garantir que l'energia que consumim sigui nostra, no tenim el subministrament assegurat i, a més, ens costa molt cara. Hem d'importar energia nuclear de França amb una xarxa de molt alta tensió que travessa tot Catalunya per portar l'energia necessària a l'AVE, per exemple. Això no té cap sentit en un país com Catalunya, que podria tenir una gran producció solar, eòlica, marítima, hidràulica, de biomassa o de biogàs. Podríem provocar una revolució decidint que la producció pròpia ha de ser protegida en lloc de penalitzada. A Espanya hem de pagar un impost al sol, si volem utilitzar aquesta energia. A més els ciutadans han de pagar una fortuna quan utilitzen l'energia de la xarxa perquè no fa sol. Si tens plaques solars i no pots emmagatzemar aquesta energia, hi surts perdent sí o sí. El problema és que aquest sistema afavoreix el negoci de dues o tres grans empreses vinculades als grans bancs del país. Això s'ha de canviar, i per començar s'ha de dir que l'energia solar ha de ser un dret universal. És indispensable millorar la producció local, interconnectada, per fer que la xarxa sigui més sostenible i permetre que la distribució d'electricitat sigui més barata. A nosaltres ens agradaria implantar aquest model disruptiu, però no podem: no tenim les competències per fer-ho. Perquè no som un país independent i perquè el país amb qui ens hem d'entendre no ho vol perquè ha de protegir uns interessos importantíssims. Com passa sempre, els consells directius d'aquestes empreses energètiques els formen persones molt pròximes al Partit Popular o al Partit Socialista, incloent-hi antics presidents com el senyor Felipe González. Per això no canvia mai res. Em fa vergonya dir que en el meu entorn no hi ha gairebé ningú que tingui plaques solars.

Això no és normal, en un país on fa tant de sol. El que s'hauria de fer és oferir incentius perquè la gent se n'instal·lés i compartís aquesta energia sense que això comportés una penalització. Avui dia, amb la revolució digital, és possible saber la font de l'energia, el preu, els impostos... Hi ha alternatives a aquestes grans infraestructures de distribució tan oneroses. Però, evidentment, aquesta evolució comportaria una reconversió dels grans monstres del sector energètic, que reparteixen molts diners als mitjans, a fundacions privades, a consells d'administració...

En el sistema financer hi podria haver una revolució similar. No vull que se m'interpreti malament: defenso el dret del sector bancari a guanyar diners, però hi ha d'haver una dimensió de servei universal bàsica, finançant l'emprenedoria o les famílies sense recursos o fins i tot donant suport a projectes que no siguin de tipus comercial però sí importants en matèria de recerca o de coneixement. S'hauria de poder crear un entorn que afavorís la democràcia financera i combatre així la concentració d'instruments financers en quatre o cinc grans empreses. Ja fa uns quants mesos que estem en contacte amb equips especialitzats en tecnologia digital i experts bancaris que treballen en la construcció d'una moneda virtual no especulativa. Volem garanties per evitar que es desviï del seu objectiu inicial, com ha passat amb el Bitcoin, i es converteixi en un instrument per blanquejar diners o per evadir impostos. Seria una moneda paritària amb l'euro. Legalment, hauria de ser un sistema de pagament acceptat per l'administració, pels ajuntaments, pels comerços... Oferiria més transparència i estalviaria els costos dels intermediaris bancaris. La moneda virtual no és cosa només de Catalunya, sinó de tot el món. No pretén liquidar les monedes actuals, com es podria pensar; al contrari, serà una alternativa interessant. Fins i tot estic convençut que contribuiria a millorar un sistema financer internacional que amb la crisi financera del 2007-2008 va demostrar que no necessitava cap amenaça exterior per esfondrar-se: es podia esfondrar perfectament tot sol per culpa dels seus propis errors. El fet que molts bancs hagin decidit acceptar la criptomoneda demostra que no es tracta d'una anècdota, sinó d'una evolució interessant. Els bancs hi adaptaran el seu model de negoci.

Hi ha veus que diuen que la Unió Europea podria disposar de més poder en el terreny financer, però a la pràctica no veig que estigui passant res d'això. Amb tot, si els Estats Units d'Europa arribessin a veure la llum, haurien de permetre que existissin iniciatives com la de Catalunya, preveient una harmonització fiscal i garantint les llibertats i la justícia comuna. En aquest sentit torna a ser interessant l'exemple de Suïssa. Jo crec que a la majoria dels suïssos tant se'ls en dona saber qui és el president del Consell Federal, sobretot perquè es tracta d'una direcció col·legiada amb una presidència que es va alternant. Però això no treu que Suïssa funcioni perfectament tot i tractar-se d'una confederació amb una gran diversitat. No és membre de la Unió Europea, és cert, però té relacions comercials amb tothom i està més compromesa amb els drets humans que cap altre país d'Europa. Aquesta organització interna li permet millorar el benestar col·lectiu sense que s'afebleixi la seva identitat. Europa té una diversitat fabulosa i l'ha de cuidar, perquè és això el que la fa tan atractiva. Aquesta diversitat no s'ha de veure com una amenaça a la unitat, sinó al contrari, com una força. Als andalusos o als polonesos que tinguin por davant d'aquesta voluntat catalana d'autoorganitzar-se els vull tranquil·litzar, repetint que nosaltres volem continuar exercint la solidaritat. Que volem continuar respectant una regla del joc que per a nosaltres és molt important: que els més desenvolupats han d'ajudar els menys desenvolupats. Sempre hem dit que ho continuaríem fent en el marc europeu i d'una manera justa i prenent com a referent Alemanya, que pot servir d'exemple de federalisme fiscal. També hi ha qui em demana si una Catalunya independent seria econòmicament viable. Fins i tot els nostres adversaris unionistes accepten que sí. L'economia catalana és la catorzena en volum de la Unió Europea. No està malament, tractant-se d'un país de 7,5 milions d'habitants que no disposa dels instruments indispensables per gestionar el seu propi destí. Prenent com a base un pacte fiscal similar al que hi ha entre Espanya i el País Basc, es calcula que el nostre PIB creixeria un 5% i que es crearien centenars de milers de llocs de feina. No hi ha ningú que pugui discutir aquesta viabilitat. La nostra economia és moderna, eficaç, molt oberta i amb un grau d'internacionalització molt important. A Catalunya el pes de la indústria ja està al nivell que la Unió Europea espera per al 2020. En el marc d'una Catalunya independent també hem de reforçar els vincles amb Espanya. Estem convençuts que és la manera més eficaç d'aconseguir una relació de respecte mutu. A la península Ibèrica, les relacions entre Espanya i Portugal són excel·lents. Això demostra que és possible en un escenari d'independència. Estem convençuts fins i tot que una Catalunya independent podria generar una transformació democràtica profunda a Espanya. Potser així la majoria de la població espanyola s'adonaria per fi que la monarquia no és el sistema ideal per reforçar la democràcia i que les elits que governen a Madrid des de fa segles no han estat precisament eficaces.

10

«Europa està en crisi.»

El silenci de la Unió Europea

No, el silenci d'Europa no m'ha dolgut. Almenys pel que fa al referèndum sobre la independència, perquè ja me l'esperava. A més, haig de confessar que per a nosaltres no era cap mala notícia. No és realista esperar que Europa reconegui Catalunya a la primera de canvi. Per tant, per a nosaltres aquest silenci era un bon començament. El que sí que ens ha dolgut –i aquí parlo més pels catalans, que se senten profundament europeus, que per mi– és el silenci pel que fa a la violència. Quan dic això em refereixo al silenci de les institucions europees, perquè tant el primer ministre belga, Charles Michel, com d'altres van denunciar l'ús desproporcionat de la força. És sa per part seva, perquè no es pot acceptar una repressió així quan es pretén defensar els drets fonamentals. Aquí sí que Europa hauria hagut de dir alguna cosa. Perquè era el seu deure. L'Europa que jo estimo és la que branda la bandera dels drets humans i de la democràcia allà on aquests es trobin amenaçats. En el nostre racó de continent milions de persones van votar de manera perfectament conscient per reclamar la creació d'un estat independent i van ser agredides de manera violenta per la policia d'un estat membre de la Unió Europea. I aquest silenci sí que és dolorós. Fins i tot diria que no ho és només per als catalans. Molts altres europeus van trobar que l'absència de reaccions no estava bé. El deure d'Europa era dir una cosa tan senzilla com: «Així no...» Encara que al mateix temps renyés els catalans per haver organitzat un referèndum. Però us asseguro que el silenci oficial de la Unió Europea pel que fa al desig català d'independència no té per què ser una mala notícia. És una reacció prudent i l'entenc.

A banda d'això, personalment, estic convençut que la crisi catalana pot ser una oportunitat per a Europa per diverses raons. La primera, que es tracta d'una aspiració independentista pacífica, que respecta el sentit de la Unió Europea, i amb la participació de la ciutadania i de la societat civil. És un moviment democràtic que s'emmarca en la modernitat i no en el passat. Europa té l'oportunitat d'aprendre de l'experiència catalana, del compromís de la seva població, d'un moviment col·lectiu, pacífic, obert i alegre. A Catalunya hi ha una comunió entre les institucions, els polítics i la majoria de la població, convençuda d'aquest projecte. És un exemple positiu per acostar la política al ciutadà en un moment en què l'esquerda entre tots dos es fa cada cop més gran. Perquè aquest malestar és present a tot Europa. La crisi catalana és també el reflex d'un profund descontentament amb les institucions polítiques tradicionals. ¿Per què no poden fer una cosa tan senzilla com escoltar la gent? ¿Per què no poden convidar a seure i parlar una majoria que es vol expressar? En altres països aquest descontentament s'exterioritza d'altres maneres. En canvi, qualsevol europeu convençut es pot reconèixer en la imatge dels catalans protegint una urna durant el referèndum de l'1 d'Octubre del 2017 perquè els seus veïns poguessin votar. No eren funcionaris de l'estat, ni parlamentaris catalans, sinó membres de la societat civil –metges, forners, mecànics–, conjurats perquè es pogués votar.

Europa predica la defensa dels drets humans arreu del món. ¿Per què no pot reconèixer que hi ha un problema, quan una part de la seva ciutadania formula aquesta demanada? Si escoltés aquestes veus mostraria una cara diferent, la cara que molta gent a Europa espera: la d'una Europa sensible a les reivindicacions dels ciutadans, i no només al que li demanen els estats. La majoria de catalans creuen en una ciutadania europea en tant que zona de seguretat democràtica, econòmica i pacífica. Quan la gent no se sent realment segura a dins d'aquest marc, és que alguna cosa falla. El que ens tranquil·litzaria de debò seria que Europa reconegués l'existència del problema polític català i hi intervingués per trobar una solució a l'europea, a través del diàleg, per llarg que sigui. Si els ciutadans catalans estan descontents amb la relació que tenen amb Espanya, després d'intentar dialogar-hi un munt de vegades, Europa s'ha de sentir interpel·lada. Sí, hi podria haver una mediació europea, en aquesta crisi. Seria una oportunitat de fer les coses d'una altra manera, de demostrar quins valors defensa. Nosaltres no demanem que reconegui la independència. Però si la Unió Europea vol anar donant lliçons de moral per tot el món, haurà de començar per casa seva. Haurà de vetllar pels interessos dels estats però també pels dels ciutadans. De moment, si hem de jutjar pel que fa, sembla que només vulgui protegir els estats. Fins ara l'Europa institucional ha deixat passar totes les oportunitats d'implicar-s'hi.

L'Europa dels ciutadans, en canvi, cada dia es fa més preguntes. Perquè el problema català no es resoldrà amb silencis. Jo personalment vull treballar per fer possible la intervenció d'Europa, encara que no sigui de manera oficial ni pública. Bé hi deu haver algú amb una posició de responsabilitat que pugui dir: «No podem continuar així, no podem acceptar que hi hagi presos polítics, que hi hagi exiliats en diferents països europeus, una població amenaçada, 700 alcaldes catalans d'un total de 940 perseguits per la fiscalia perquè han expressat el seu suport a l'organització del referèndum...» Reprimir la gent per expressar una opinió política no em sembla la millor manera d'apaivagar la situació. Si Europa fos capaç d'afirmar això, seria l'inici d'una nova etapa. No es demanaria a ningú que renunciés a res, només poder començar a parlar per resoldre el problema, perquè s'ha de resoldre! A priori, l'únic que ens faria renunciar a la independència seria perdre un referèndum: que la majoria dels catalans s'expressés en contra. Hi havia una altra manera d'aconseguir-ho, que consistia a arribar a un acord acceptable per a tothom, incloent-hi una part dels independentistes. Aquest compromís potser no hauria sigut una solució final, però podia ser una etapa acceptable per a una generació. Estic convençut que hauríem sigut capaços d'assolir-lo. La independència és el nostre punt de partida, perquè és el nostre ideal, però estàvem disposats a deixar-nos convèncer per una oferta constructiva i intel·ligent de l'estat espanyol. Per desgràcia, però, no ens la van fer mai.

Actualment les institucions europees estan en crisi perquè als ulls dels ciutadans han perdut credibilitat. Amb tot, les regions d'Europa, incloent-hi les nacions sense estat, podrien representar unitats eficaces per gestionar competències en un context de subsidiarietat. Aquesta lògica de proximitat podria permetre una millora d'Europa. Però per arribar-hi primer cal reconèixer que els estats no són els únics actors de la Unión Europea, sinó també els ciutadans i les regions. Els estats han demostrat la seva incapacitat de reaccionar d'una manera ràpida i eficaç als reptes mundials en tot un seguit de casos, ja sigui en matèria de seguretat, de migracions, d'economia o de medi ambient. Una unió política europea podria ajudar a millorar les coses. Això exigiria que els estats acceptessin renunciar a una part important del seu poder, les seves competències i la seva sobirania, i no només a favor de les regions, sinó també de la Unió Europea. Hem de canviar el punt de vista que tenen en aquest moment els ciutadans sobre aquesta Europa que sembla un club tancat d'estats o una administració centralitzada a Brussel·les, permeable únicament als interessos dels poders econòmics, els únics que hi tenen línia directa. Jo recordo perfectament el dia que Espanya va entrar al Mercat Comú, el 1986. Per a mi va ser un moment molt emocionant. Els catalans vèiem Europa com la casa comuna on volíem ser. Els socialistes espanyols, en canvi, miraven més aviat cap a l'Amèrica del Sud. Durant el franquisme hi havia una tradició a l'esquerra espanyola que veia Europa com una creació de la democràcia cristiana. Quan es va decidir passar a l'euro, en virtut de l'acord de Maastricht de 1992, vam organitzar a casa d'un amic una cerimònia per enterrar la pesseta.

Finalment teníem un símbol importantíssim: una moneda compartida per tots els europeus. Per a Catalunya Europa és un alliberament! Recordo també el president francès François Miterrand i el canceller alemany Helmut Kohl, dos grans líders europeus que es donaven la mà per simbolitzar la reconciliació francoalemanya. Sí, era molt emocionant. Avui ja no en queda res, de tot allò. La Unió Europea s'ha convertit en una burocràcia sense ànima. No em puc commoure sentint parlar Jean-Claude Juncker, el president de la Comissió, o l'Antonio Tajani, el president del Parlament. El nomenament de Martin Selmayr com a secretari general de la Comissió Europea, després d'un procés tèrbol i controvertit, va ser una caricatura de l'Europa desconnectada dels ciutadans. No ens en podem sentir orgullosos. M'agradaria veure els valors d'aquella Europa de la qual estava enamorat, i no aquesta Europa que només es preocupa per qüestions econòmiques i no deixa gens d'espai als ciutadans.

Soc un fervent defensor dels Estats Units d'Europa. Ara bé, si tot plegat és per continuar fent el mateix però amb un altre nom, amb mi que no hi comptin. Aquests Estats Units d'Europa haurien de suposar el final del nacionalisme dels estats, haurien d'aconseguir que tinguéssim tots el mateix passaport, l'europeu, i a partir d'aquí reconèixer les diverses realitats, sense problemes i sense límits. La ciutadania europea seria la base comuna, i per sobre d'aquesta base ens podríem organitzar de la manera que ens semblés millor, dins del respecte de les lleis europees. Per ser al més eficaços i democràtics possibles. Hi podria haver estats que continuessin sent un estat i regions que actuessin com un estat però sense necessitat de proclamar la seva independència. Ja no seria l'Europa dels estats, ni l'Europa de les regions, sinó l'Europa dels ciutadans. I no serà pas un líder il·lustrat, qui impulsarà aquesta evolució. S'ha de treballar amb la població de base, parlar-ne, fer campanya. A mi m'agradaria que els estats actuals fessin aquest paper de motor transformador i portessin a un canvi profund, com va passar després de la Segona Guerra Mundial o amb l'euro. Però n'hi ha que dubto que siguin capaços de fer-ho. El president francès Emmanuel Macron continua sent un desconegut, per a mi; Itàlia es troba sumida en la confusió, la Gran Bretanya se'n va i Alemanya encara no sap qui succeirà Angela Merkel... ¿Qui és el líder d'Europa, en aquest moment? Jo no en veig cap...

La crisi catalana ha de ser el fibló que obligui Europa a reaccionar i a reforçar-se a partir dels seus valors fundacionals i del seu potencial. Europa ha de cultivar clarament l'ideal de la democràcia, la idea d'una unió de ciutadans lliures, d'una república europea. Això és el que jo preconitzo. És el que molts esperen a Europa per part dels seus estats i de les institucions europees. Al segle XIX i XX els conflictes es gestionaven a través de les guerres i les armes. Avui, un estat només es pot presentar al món a partir de les llibertats ciutadanes. ¿Catalunya no hauria pogut declarar-se una «regió d'Europa», i no un estat independent? Però hem seguit escrupolosament el camí que marca el dret internacional. De fet és un dels arguments de defensa que invoco davant del Comitè dels Drets Humans de les Nacions Unides. Hem actuat d'acord amb el marc del Pacte Internacional dels Drets Civils i Polítics. Hi ha qui afirma que un dels principals obstacles per a la independència de Catalunya té a veure precisament amb Europa: si ens declaréssim independents hauríem de sortir de la Unió Europea i tornar a presentar una sol·licitud d'adhesió. Però això és mentida. A Catalunya hi viuen 7,5 milions de ciutadans europeus que continuaran sent ciutadans europeus. L'única possibilitat que Catalunya deixi de ser membre de la Unió Europea, paradoxalment, és que l'estat espanyol reconegui la seva independència. Però en aquest cas segur que hi hauria un acord perquè fóssim independents, amb un compromís sobre les fronteres, els actius i els passius, els interessos econòmics, les xarxes de transport... I el primer punt d'aquest acord, evidentment, seria que Catalunya continués sent membre de la Unió Europea.

En tant que president de Catalunya tinc el deure d'explicar-me, de respondre a les preguntes que es plantegen i de dissipar dubtes. Les crisis, en general, no són mai desitjables, ja siguin econòmiques o polítiques. Mai és un bon moment, perquè hi hagi una crisi. Però quan arriba, igual com passa amb la meteorologia, s'ha de gestionar, partir dels problemes que deixa al descobert i buscar una solució. S'ha d'aprofitar l'oportunitat per avançar. Per a mi el Brèxit ja va ser una prova que Europa necessitava aportar noves respostes per als nous temps. Perquè hi ha alguna cosa que no rutlla. Una altra mostra és l'ascens dels euroescèptics en les últimes eleccions a Itàlia i a altres països. ¿Hi ha algú a Europa que pensi el mateix que jo? Perquè a primera vista no es veu cap gest de preocupació ni cap mena de voluntat de canviar les coses...

11

«Els meus Estats Units d'Europa.»

El meu projecte per a una Unió renovada

De vegades em pregunten com podrien funcionar uns Estats Units d'Europa amb cent quatre regions, si ara que només en són vint-i-vuit –o vint-i-set, aviat– ja és complicadíssim. O com es podrien reconèixer els ciutadans en un trencaclosques tan complicat. Jo sempre responc el següent: si aquesta Europa Unida es converteix en una còpia exacta, ampliada, del model d'estat nació del segle XIX, serà un fracàs immediat. Malauradament, sospito que és la idea que tenen en ment alguns caps d'estat: per a ells els Estats Units d'Europa han de ser un estat més gran. Però jo trobo que això no pot garantir ni el reconeixement de la diversitat ni unes institucions properes a la ciutadania: al contrari, n'eixamplaria la distància. Una altra cosa que em sorprèn és que s'invoqui sempre la dificultat de gestionar una unió de vint-i-vuit. Des que hi va entrar Espanya que hi ha hagut sempre un interès per ampliar-la. Actualment ja es parla d'estendre-la a Albània o Macedònia, que no són precisament potències econòmiques però tenen un gran interès geoestratègic. Esclar que l'estabilitat és un repte, però això demostra que no és veritat que l'augment del nombre d'estats membres vagi en detriment dels interessos de la Unió. No m'imagino els caps d'estat prenent decisions que no els resultin avantatjoses. ¿Com es pot gestionar aquesta diversitat al si de la Unió? Quan es parla de l'Europa de les Regions s'hauria de ser honest i dir que es tracta d'un invent de l'Europa dels estats. Es tracta d'un poti-poti on hi ha regions que no tenen pràcticament autonomia, ni història ni institucions històriques, al costat d'altres que són pràcticament estats. Es pensen que barrejant-les totes formant un gran conglomerat diluiran les aspiracions autonomistes. Si els estats han creat aquesta Europa de les Regions és només per continuar tenint totes les competències i per controlar quin grau de subsidiarietat estan disposats a donar-los. La nova frontera d'Europa rau en aquesta dificultat per transferir la garantia del respecte dels drets fonamentals al nivell de poder més pròxim al ciutadà.

El que amenaça Europa no és ni l'ampliació de la Unió ni la cohabitació de diferents unitats territorials, sinó la manera com els estats accepten i gestionen una nova realitat que no té res a veure amb la del segle XIX. La creació dels Estats Units d'Europa hauria de permetre evolucionar cap a una governança diferent, més democràtica, més propera a la gent. Els ciutadans han de saber que en aquesta Europa unida tindran la possibilitat de desenvolupar millor encara els seus projectes personals i professionals. Amb més llibertats. El que proposem no és la destrucció dels estat nació del segle XIX, de cap manera, sinó la seva evolució natural. No hem d'oblidar mai que el que aguanta una democràcia són els ciutadans, i no les estructures administratives, que no són res més que conseqüència del que decideixen els ciutadans. En el marc de la Declaració Universal dels Drets Humans, la ciutadania s'ha de poder organitzar de la manera més eficaç per a les necessitats de cada generació. No hem de mirar els estats nació com una idea sagrada que emana d'una llei divina. Aquests últims anys la identitat nacional ha evolucionat moltíssim en tots els països europeus, amb l'aparició d'una gran diversitat cultural i lingüística, i aquesta evolució continuarà. ¿Hem de tenir els mateixos instruments de govern que fa cent cinquanta anys, quan la composició dels nostres països no tenia res a veure amb l'actual? Jo crec que no. Torno a dir que no estic proposant la destrucció dels estat nació; el que proposo és que ens preguntem quines entitats es corresponen millor amb aquestes noves identitats. Quan fas aquesta reflexió arribes ràpidament a la conclusió que calen estats més propers a aquesta població diversificada, amb instruments molt flexibles per poder reaccionar als canvis provocats per la globalització o les noves tecnologies. Aquests instruments han de ser propers, transparents, útils i eficaços. Resumint: més accessibles. Contràriament a la realitat de fa un segle i mig, actualment els estats més petits són més eficaços i més ràpids a l'hora d'aprofitar les oportunitats que ofereix la revolució digital. Molt més que les grans hiperestructures, molt burocratitzades i centralitzades, a qui els costa molt aglutinar un grup humà al voltant d'una idea de comunitat.

Hi haurà qui replicarà que aquesta visió podria provocar una mena de retorn a l'Edat Mitjana, amb el ressorgiment de tensions entre totes aquestes entitats. Si tot aquest procés acabés amb l'aïllament d'aquestes entitats, seria clarament un retorn a l'Edat Mitjana. Però el que demanen la majoria de ciutadans no és que es repleguin en elles mateixes, sinó tot el contrari. El que demanen és poder-se connectar més ràpidament, més directament, fent caure més barreres encara en les relacions internacionals. La identitat ha d'anar evolucionant constantment, perquè ara ja no es construeix partint de l'Església, de l'escola o de la cultura pròpia, sinó que es renova cada dia en funció de les xarxes socials, de la mobilitat... Cal reconèixer la realitat d'aquestes influències externes permanents. No estic fent cap judici de valor, no dic pas que sigui millor ara que fa cent anys ni que això hagi de ser així per molt de temps, però és el que estem vivint en la nostra època. Ens hi hem d'adaptar, hem d'evolucionar, ens hem de connectar al món. És una diferència fonamental amb l'Edat Mitjana, en què tothom volia viure en un règim d'autarquia, aïllat, perquè l'altre era percebut com una amenaça. Avui, en canvi, tenim la sensació que el fet de relacionar-nos amb els altres ens obre tot un ventall de noves possibilitats; no en una uniformització on tothom queda anul·lat, sinó en un enriquiment mutu. És el model d'economia col·laborativa. Si som capaços de fer-ho en les relacions entre individus, amb els vincles culturals i amb les relacions econòmiques, ¿els sistemes de governança han de ser l'últim àmbit on arribin aquests canvis? Jo crec que no. Ja ho he dit abans: avui dia els estats més petits són al capdavant del rànquing quant a eficàcia. Catalunya formaria part d'aquest grup gestionat amb eficàcia. Els vincles entre els estats històrics i aquests nous estats permetia una unió en la diversitat.

Si a Catalunya hi ha aquest anhel d'independència és segurament perquè vivim a Europa. Si fóssim encara a l'època de l'Espanya franquista, aquesta oportunitat simplement no existiria. Totes les nostres decisions i les nostres esperances se situen en el marc d'aquesta Europa en la qual creiem. Ens sentim a gust en una Unió Europea plural on unes comunitats reclamen més autonomia i d'altres no tenen aquesta vocació. És evident que els catalans ens sentim propers als escocesos, els flamencs, els corsos, els bretons o els bascos; però també ens sentim propers als alemanys o els danesos. El que ens hi uneix no és tant la demanda de més autonomia com l'anhel de més democràcia. A Catalunya creiem que per aconseguir-ho necessitem els instruments propis d'un estat independent. En altres llocs no passa això, però sí que hi ha el mateix desig de viure en una democràcia millor. És per això que parlo de l'Europa dels ciutadans, tant si comparteixen la idea d'independència com si no. Jo no parlaria d'una «Europa líquida», però és una metàfora que té alguna cosa de veritat. Es tracta d'una Europa en moviment que té la capacitat d'adaptar-se ràpidament a aquest món en transformació constant, d'anticipar-se a aquestes evolucions. La història d'Europa s'ha construït sobre aquesta capacitat de generar innovació democràtica i transmetre-la a tot el món. No podem renunciar a aquest ideal i conformar-nos de viure bé o de mantenir l'economia. Això vol dir també que cal compartir aquestes oportunitats amb els migrants. Europa sempre ha rebut onades migratòries. La seva identitat s'ha forjat així, i en el futur continuarà sent així. Hem de trobar una resposta més sàvia, més intel·ligent i més democràtica al que amb tan poca fortuna s'ha batejat com «la crisi dels migrants», que teòricament ens amenaça. Pel que fa a aquestes migracions, no podem defugir la nostra responsabilitat de millorar el planeta. Si hi ha migrants és perquè hi ha pobresa de molts tipus: social, energètica, educativa, sanitària... Europa no es pot desentendre del seu compromís en aquests àmbits. Sobretot pel que fa a la lluita contra l'escalfament global, potser la més important. Del que es tracta és d'escoltar totes aquestes persones que volen construir el seu futur al nostre espai perquè creuen que és el lloc on més es respecten els drets humans i els principis democràtics o on més possibilitats tenen de fer realitat el seu projecte personal. Per a Europa és un èxit que hi hagi tants ciutadans que vulguin construir-hi el seu futur. I nosaltres hem de trobar la manera de gestionar això de manera positiva, impedint que tornin el populisme, el racisme i la xenofòbia. El que demostren aquestes derives és la incapacitat dels estats de gestionar aquesta aportació. Si hi hagués una política més propera, diferent d'una regió a l'altra, gairebé d'un municipi a l'altre, potser evitaríem aquestes reaccions de rebuig. La realitat de Catalunya en matèria de migració no té res a veure amb la de Castella i Lleó. A més a més hem de gestionar el pas de disset milions de turistes estrangers cada any per una població de 7,5 milions. Necessitem eines per gestionar de manera més eficaç l'educació, la sanitat, l'habitatge, la mobilitat... L'experiència ens ensenya que es poden evitar molts problemes si s'ataquen des de l'arrel. No dic que sigui fàcil; ja sé que és molt complex, que s'ha de posar en mans de professionals, però és la nostra responsabilitat. L'èxit d'Europa es mesurarà per la seva capacitat d'integrar aquestes persones i de gestionar la seva contribució de tal manera que millori el nostre entorn. El nostre fracàs seria mantenir-los en guetos, no oferir-los un ascensor social per menyspreu, per por o per una amenaça populista.

En el terreny de la geopolítica estem assistint al ressorgiment de les aliances, com va passar fa cent anys, amb el retorn de poders forts com la Rússia de Putin, la Turquia d'Erdogan, els Estats Units de Trump o la Xina de Xi Jinping. Em direu que en un cotext així Europa corre el perill de no saber estar a l'altura, amb un poder diluït que costa d'identificar. Però jo us respondria que aquestes grans potències, molt centralitzades i aliades amb el populisme, no són el model a seguir. El que hem d'evitar, precisament, és caure en la trampa que ens volen parar per destruir la cultura i els valors europeus. Si Europa es transformés en un actor més en aquest concert de potències autoritàries –per dir-ho suaument–, seria la seva fi. Europa ha estat forta quan s'ha centrat en la seva democràcia i els seus valors. Els pitjors anys de la seva història els ha viscut quan s'ha replegat en l'autoritarisme. Esclar que aquestes grans potències no tenen cap escrúpol a fer ús de la força per destruir els nostres valors, la nostra moneda i la nostra democràcia, però nosaltres hem de reaccionar amb aquells instruments que realment ens converteixen en una potència mundial: la democràcia, el talent, la innovació, la creació, la llibertat... en una sola paraula: la intel·ligència. Seria un fracàs estrepitós que Europa respongués amb els mateixos arguments que Erdogan o Putin. És evident que és un perill, però apleguem-nos al voltant d'allò que realment ens fa forts! El que em preocupa, precisament, és que avui no sé veure aquesta voluntat en les institucions europees. No estic segur que el matrimoni Merkel-Macron duri gaire, perquè ell acaba d'arribar i ella ja s'està preparant per marxar. El discurs d'intencions del president francès és ambigu en alguns punts, quan parla dels estats. Tots dos comparteixen la idea d'una Europa forta, però de paraula, com passa pràcticament amb tots els mandataris europeus. Era el cas del Sr. Rajoy, també. Però el que compta són els fets, i no els discursos. I els fets no són gaire encoratjadors. Per culpa de la crisi migratòria els nostres països s'han tancat en ells mateixos i la solidaritat està en vies d'extinció: no és just que Itàlia i Grècia hagin de gestionar aquesta crisi totes soles. No estem actuant com l'Europa que somiàvem, i això ens afebleix moltíssim. El drama humà que colpeix els nostres veïns sirians hauria de tenir una resposta humana. La pau no és un concepte teòric; s'ha de practicar cada dia. Malauradament estem repetint els errors que vam cometre amb la guerra dels Balcans: mentre ens preguntàvem on era Europa, finalment van haver d'intervenir els Estats Units per aturar la massacre. Jo no podia suportar veure el que estava passant cada dia a Sarajevo o a Bòsnia. Em preguntava: «¿Però què esperen, que no quedi ningú viu?» En lloc d'això ens hauríem de sentir orgullosos del que som i pensar que el nostre exèrcit és la democràcia.

Una solució podria ser crear una veritable Constitució europea o desenvolupar un exèrcit europeu. Això requereix un treball democràtic des de la base. ¿Per què el tractat que establia una Constitució europea elaborat el 2004 va ser tan criticat? Perquè no s'havia escrit partint de la ciutadania. Cap país Europeu es feia seva aquella Constitució. Quan es va sotmetre a referèndum a França o als Països Baixos, la gent va votar no sobretot per protestar contra la gestió d'aquests estats, per denunciar l'Europa dels buròcrates, per moltes raons que no tenien res a veure amb el tractat, el text del qual molt poca gent coneixia. Si s'hagués fet un treball constituent a nivell de les comunitats locals, amb una participació real, s'hagués treballat després a nivell del parlament europeu i després s'hagués aprovat en referèndum, el resultat hauria estat molt diferent. Em diran que això demana temps: sí, esclar, però permet partir d'una base molt millor. Siguem honestos: el tractat constitucional no se l'ha llegit ningú. Si s'hagués posat l'accent en la participació potser hauria estat una de les aventures més apassionants d'aquest continent. A més a més seria un model que atorgaria a la Unió Europea l'autoritat moral que li cal davant d'Erdogan o de Putin. Partint d'aquest enfocament, podríem imaginar-nos un exèrcit europeu connectat amb aquesta idea de defensar la democràcia i els drets humans tant a Europa com a fora. Amb tot, només veiem unes intervencions militars convencionals per part dels estats que no entén ningú, que no tenen el suport de ningú i que ningú sap si provoquen la mort de víctimes innocents.

¿Que si és una utopia? De moment sí, perquè no hi ha voluntat política de fer aquest treball de fons. ¿Per què els únics que tenen la possibilitat de reflexionar sobre la crisi europea han de ser només els líders que es troben a Davos o caps d'estat reunits en una cimera? ¿Per què no demanem als ciutadans que s'impliquin en el debat? Europa ha de deixar de ser una estructura administrativa que aprova directrius que no entén ningú però que afecten la vida real de la gent sense que la seva veu compti per res. Durant molt de temps l'Eurobaròmetre, l'enquesta d'opinió que fa regularment la Comissió Europea, ha demostrat que només una minoria de ciutadans europeus creuen que la seva veu compta per a alguna cosa al si de la Unió Europea. Això vol dir que la majoria d'europeus tenen la sensació que no se'ls escolta. Tot i que, en efecte, l'últim Eurobaròmetre mostra una lleugera millora, és evident que hi ha una crisi... Hi ha alguna cosa que no funciona, i no ens hi podem resignar. Hem de revoltar-nos contra aquesta situació. A mi em preocupa moltíssim. Sobretot quan veig que, a més a més, els ciutadans més joves atorguen menys valor a la democràcia que els ciutadans més grans. El 60% de les persones nascudes als anys cinquanta consideren que és bàsic viure en un país democràtic. Segons l'informe «Renew Europe», publicat a l'última cimera de Davos, menys del 45% dels nascuts als anys vuitanta estan d'acord amb aquesta afirmació. Dit d'una altra manera, el 55% dels Europeus d'uns trenta anys no consideren essencial viure en democràcia. Al mateix temps els governs, els partits polítics, els tribunals, els mitjans de comunicació i les institucions financeres veuen com la seva legitimitat no para de disminuir. Per acabar, també d'acord amb les dades d'un sondeig internacional, el 40% dels espanyols està d'acord amb la idea que cal un líder fort. És el doble que a Alemanya i només un 10% menys que a Turquia.

El resultat final d'un treball democràtic basat en la ciutadania a escala europea hauria de ser un mirall en el qual es pogués reconèixer tothom, ja fos polonès, belga, andalús o català. Per aconseguir-ho és indispensable la participació de la societat civil. Quan Jordi Sánchez era president de l'Assemblea Nacional Catalana va dirigir un espai cívic per demostrar que era possible crear una república. No era una acció pensada contra les autoritats, sinó destinada a acompanyar-les. Es tracta de veure que cadascú hi té un paper. Es podria generar un procés semblant a escala europea per escoltar els petits empresaris, els ecologistes, els docents, els policies... Potser a través d'un procés d'aquestes característiques descobriríem que les esperances dels catalans són més o menys les mateixes que les dels danesos. I que el model ideal, que conjuga la lliure empresa amb la protecció social, no és tan diferent d'un país a l'altre. En un procés de participació ciutadana d'aquesta mena, cadascú pot aportar la seva visió i els seus accents propis tot desdramatitzant la dimensió nacional. No és un Mundial d'estats, són ciutadans que es barregen en un debat que ens interessa a tots. A mi m'agradaria veure si el model educatiu de Finlàndia pot ser-nos útil a nosaltres i descobrir quins models hi ha arreu per gestionar l'acollida de migrants o per lluitar contra l'escalfament climàtic. Si la Constitució europea s'hagués redactat així, segurament s'hauria acabat adoptant sense problemes. I tothom la coneixeria. Tots els alumnes de la Unió Europea coneixerien els valors fonamentals d'Europa, des de Barcelona fins a Hèlsinki. Així és com veig jo els Estats Units d'Europa.

De vegades em diuen que el desig d'independència de Catalunya enterboleix aquest missatge. Personalment, jo crec que és al contrari: demostra que un dels estats nació europeus més clàssic i més conservador és posat en qüestió perquè suposa un fre perquè Europa avanci en aquesta direcció. La independència d'un país com Catalunya, iniciada d'aquesta manera i per aquests motius, demostra que hi ha un model que pot fer evolucionar la democràcia i que es pot utilitzar a tot Europa. Demostra la conveniència d'una devolució progressiva cap a la ciutadania. ¿Que si hi ha el perill que un moviment independentista com el nostre s'associï al populisme? ¿Que si no ens hauríem de tornar a explicar un altre cop, detalladament, per informar tots els països europeus? És exactament la feina que estic intentant fer. A l'Europa d'avui l'amenaça populista prové d'estats com Hongria, Polònia o Itàlia, si ens fixem en el resultat de les últimes eleccions, o de Le Pen a França. I cap d'aquests països reclama la independència, que jo sàpiga. El que nosaltres volem és donar la paraula als ciutadans en el marc de la democràcia. No volem crear un nou estat que es comporti com els estats actuals. Jo no aniria a la presó ni viuria a l'exili només per reproduir el que ja hi ha canviant-li només el nom, la bandera i el passaport. Si he posat la meva vida en joc és per millorar la democràcia i el futur de les meves filles. Podria decidir que m'estimo més viure tranquil·lament. Se m'acusa de populista perquè donar la paraula a la gent potser vol dir seguir-los si reclamen el restabliment de la pena de mort. Un moment: jo he dit sempre que cal actuar dins del marc dels drets humans. Per a mi és el teló de fons de la construcció d'una societat democràtica. No hem d'oblidar mai que la voluntat popular és el fonament de l'autoritat de l'estat. Però això no vol dir que es pugui fer qualsevol cosa, com ara cremar tothom que no cregui en Déu, per posar un exemple exagerat. Al contrari: si volem més autonomia és per actuar en el marc dels drets universals, per construir lliurement la societat que volem. Això no és populisme. El populisme consisteix a pervertir els instruments democràtics per violentar els drets humans, com en el cas d'Espanya per defensar la idea sagrada de la unitat territorial. En aquesta lluita nostra, on posem en joc la nostra vida, hi ha un profund compromís ètic. Nosaltres volem lluitar precisament per vacunar Europa contra un populisme que ja existeix. Em revolta que es redueixi a l'etiqueta de populista tot el que a l'oligarquia europea no li agrada. «Els catalans són uns egoistes que es volen quedar tots els diners per a ells! Carles Puigdemont és un populista, i aquí s'acaba la discussió.» Sisplau, feu un petit esforç intel·lectual, sigueu una mica més rigorosos fent política. Això és molt fàcil: per això, no posaria la meva vida en joc.

Amb tot, tinc la sensació que cada cop s'entén millor el que volem. Fa pocs anys, quan em preguntaven si el que buscava era que se'ns reconegués, sempre responia: «No. De moment el que volem és que se'ns conegui...» És important que la gent es pugui pronunciar amb coneixement de causa sobre el que està passant a Catalunya. I si només parla amb una de les dues parts, si només escolta els mitjans d'una de les parts, és impossible. Ens hem de poder fer sentir. Avui se'ns coneix millor, la gent s'adona que la qüestió és molt més complexa que un títol en una pàgina web o fer un clic al Twitter. És important fer-se moltes preguntes. Nosaltres també ens posem en qüestió constantment. Aquest principi del dubte és bàsic. Estem convençuts que practicant-lo la majoria de la gent entendrà millor el que volem fer. Que es dissiparan les pors. Nosaltres no som una amenaça per als valors europeus; al contrari: volem contribuir a fer que Europa sigui més democràtica. La nostra reivindicació és un «work in progress», un moviment permanent. Fa pocs anys érem un moviment desconegut. Avui, existim. Al llarg del camí van apareixent noves oportunitats que cal aprofitar. El nostre principal objectiu és que Espanya i el món coneguin millor el que passa a Catalunya, amb tots els matisos necessaris. I passant per Europa potser ho aconseguirem. Europa necessita conèixer la qüestió catalana perquè és una crisi europea. I per això cal esbotzar les portes blindades del búnquer informatiu espanyol. Avui, a Espanya, malauradament, és impossible fer un debat independent, neutral. La distorsió de la informació en aquest tema és terrible. És una manipulació deliberada i conscient per impedir que la societat espanyola pugui acceptar que Catalunya té el dret d'expressar-se. Esperem que, portant el debat a Europa, la nostra veu es pugui fer sentir en totes les seves dimensions.

La Unió Europea té un problema de lideratge polític i moral. Per això els estats han reforçat el seu nacionalisme i han aprofitat aquest buit. Cal que s'entengui que Europa és molt més que un projecte polític acceptat pels estats; és una idea al voltant de la qual la societat europea en general té moltes esperances per al futur. La meva «llista de coses a fer» per millorar Europa és la següent: en primer lloc, cal trobar canals per acostar els ciutadans i les institucions, perquè la veu i els vots dels ciutadans europeus han de comptar molt més, sobretot en les qüestions decisives. En segon lloc, s'ha de reforçar la via de la subsidiarietat donant més poder polític i de finançament a les regions i a les grans ciutats. En tercer lloc, el concepte de «ciutadania europea» ha de prevaldre per sobre de la ciutadania nacional i ha de ser el vehicle que garanteixi els drets i les llibertats en el conjunt de la Unió. I finalment, la UE s'ha de reconèixer en la seva diversitat lingüística i cultural i ha d'atorgar un reconeixement i una protecció formal als pobles reconeguts en cada llengua i cada cultura d'Europa. És inconcebible que la decisió de si el català ha de se llengua oficial al Parlament Europeu depengui de la voluntat de l'estat espanyol, que s'hi ha oposat sempre, i no sigui una obligació de la Unió Europea. Així mateix, ha de reconèixer el dret d'autodeterminació dels pobles que la integren i garantir que aquest dret s'exerceixi de manera democràtica i pacífica.

12

«La meva proposta per sortir de la crisi catalana.»

Les meves pistes per a una mediació

L'error més evident que hem comès els catalans ha estat sobreestimar els efectes de la transició democràtica espanyola. Els gairebé quaranta anys de vida de la Constitució no han servit per garantir uns òrgans policials, un poder judicial i unes estructures de govern d'alt nivell, comparables a les dels països amb una llarga tradició democràtica. Per això ara ens sembla tan necessari vetllar perquè les relacions amb l'Estat i els acords als quals es pugi arribar tinguin la supervisió d'actors internacionals que verifiquin el que fa cadascuna de les parts. El frau del 10 d'octubre del 2018, quan vam temperar el nostre desig d'independència per fer possible el diàleg, no es pot tornar a repetir. Si realment hi ha una voluntat de parlar, l'ha de verificar un mediador que proporcioni les garanties necessàries.

Per sortir de la crisi i de la incomprensió actual amb els responsables espanyols hi ha un camí clar i molt fàcil d'entendre. Parteix d'una idea principal: que el que sigui Catalunya en el futur ha de ser el resultat de la voluntat dels catalans. De fet, és el que preconitza el primer article del Pacte Internacional dels Drets Civils i Polítics. Fins i tot és el mateix que va dir l'actual rei d'Espanya quan era príncep de Girona, ara fa trenta anys: Catalunya és el que els seus habitants volen que sigui. Volem decidir el nostre futur, i la solució ideal és fer-ho de manera pacífica, en el marc d'un acord amb Espanya. Hem de decidir plegats el marc en què els catalans poden decidir el seu futur. És això el que preveuen els tractats internacionals signats per Espanya i integrats en l'ordenament intern espanyol a través de la Constitució. Seria l'ideal, perquè aquest diàleg comprometria Espanya amb el resultat d'aquest procés, fos quin fos. I la mateixa afirmació val també per a Catalunya, fins i tot encara que el resultat fos contrari a la independència. Nosaltres orientem tots els nostres esforços a la possibilitat d'encetar aquest diàleg. No és l'única via possible, però per a nosaltres és la prioritària. I això s'emmarca al 100 % en el marc de la Unió Europea. ¿Que Espanya considera que la independència no és el bon camí? Aleshores demano als dirigents que hi ha a Madrid que ens proposin una alternativa. ¿Quin projecte tenen per a Catalunya? Els catalans creiem que l'única sortida que ens queda és la independència, però potser aconseguiran demostrar-nos que estem equivocats i que hi ha una altra fórmula per sortir d'aquesta crisi.

No ens pertoca a nosaltres proposar un altre full de ruta. A més, ja ho hem fet unes quantes vegades: ja hem proposat altres fórmules respectant la via constitucional, però totes han estat rebutjades per Madrid. Ara li toca ser creativa a Espanya. En cas contrari, continuarem lluitant per una independència que està reconeguda pel dret internacional a través de la sentència del Tribunal Internacional de Justícia sobre el cas de Kosovo, segons la qual no hi ha cap disposició en el dret internacional contrària a una declaració unilateral d'independència. No podem renunciar a un dret que figura als tractats internacionals reconeguts per Espanya. I estem disposats a exercir-lo, si cal. Torno a repetir que per a nosaltres l'opció prioritària és un acord obtingut a través del diàleg, però no podem acceptar l'statu quo que ens proposa Espanya. Hi ha experts que ens proposen explorar altres solucions a partir de la seva experiència federal. ¿Per què no? Però no és Catalunya, qui s'ha d'imaginar una solució innovadora, és Espanya. Aquestes persones externes al problema han reconegut que hi ha un problema polític i que cal buscar-hi solucions polítiques, posar sobre la taula un projecte atractiu i potent susceptible de fer la competència a la independència. Per a això, cal que abans Espanya estigui disposada a reconèixer el problema i a acceptar que es poden considerar fórmules alternatives. Si l'altra part ni tan sols està disposada a encetar el diàleg i insisteix en la seva lògica repressiva, ¿quin sentit té esforçar-se per trobar altres fórmules per sortir de la crisi?

És per això que els catalans demanem una mediació internacional independent. Sobretot perquè d'entrada suposaria reconèixer que hi ha un problema. Espanya ha de reconèixer que li cal ajuda per sortir d'aquest forat on s'ha ficat. La mediació és indispensable també perquè si acabem trobant la manera d'arribar a un acord amb Espanya ens caldrà algú que segueixi tot el procés i avaluï si les dues parts estan respectant la via que s'ha triat. I és que l'experiència ens fa ser desconfiats: ja hem arribat a uns quants acords que després no s'han respectat. Però perquè això sigui possible cal que Espanya accepti aquesta mediació. ¿Com ha de ser aquesta mediació? Ha de ser discreta. No pot ser pública. Ha de comptar amb una autoritat política i tècnica important. Europa ha d'estar informada del que passa i seguir els treballs que es facin de molt a prop. Una altra condició és que no hi hagi cap condició prèvia: tothom pot defensar les seves idees. És important que tot el procés es faci sense agenda. S'ha de conduir a través del diàleg. Som conscients que pot durar molt de temps. Per garantir que es desenvolupa de manera pacífica des del principi fins al final del procés, la relació entre Catalunya i Espanya s'hauria de gestionar provisionalment sobre la base de la confiança mútua i d'un ampli marc d'acció sense conflictes constitucionals, amb la supervisió del mediador. Seria un compromís polític per a una transició constructiva entre aquest statu quo i la fórmula final, tant si és la independència com si no ho és. Aquest plantejament permetria també veure els efectes positius d'una opció federal pel que fa al respecte de les institucions, el finançament, la llengua, la cultura... Dit d'una altra manera: amb aquesta proposta ofereixo al Govern espanyol la possibilitat de lluitar per guanyar el referèndum. Si juga el partit, el pot guanyar; però per a això ha d'acceptar jugar-lo.

En realitat el Govern espanyol hauria de fer com David Cameron quan era el primer ministre britànic: amb el referèndum d'independència d'Escòcia va reconèixer que hi havia un problema, va decidir jugar i va guanyar. Va escriure en un paper tot el que oferiria als escocesos si votaven contra la independència i d'aquesta manera va demostrar que havia entès el missatge subjacent al referèndum: la seva voluntat de ser reconeguts. No va menysprear els escocesos, no els va tancar a la presó. No. Va decidir treballar en una alternativa de devolució de poders màxima i els va convèncer. Però per a això cal acceptar jugar el partit... Vaig proposar explícitament aquesta fórmula en converses amb els líders espanyols Pedro Sánchez, secretari general del Partit Socialista i ara successor del Sr. Rajoy, i Pablo Iglesias, secretari general de Podemos.

No es pot ignorar la reivindicació d'independència persistent de més de dos milions de catalans. Al final d'aquest procés volem arribar a un referèndum reconegut, acordat, que permeti triar entre la independència i el projecte de devolució màxima que surti de les negociacions. Aleshores sí que seria possible entendre's sobre una fórmula vàlida per a una generació. Això seria l'ideal. Europa s'hi ha d'involucrar des del primer moment. Hi ha moltes maneres de fer-ho sense que sigui oficial, només cal que aplaudeixi la nostra voluntat de diàleg, que reconegui que és un problema europeu i que segueixi de prop tot el procés. Pel que fa a la resta, ens hi podria ajudar algun altre país, experts internacionals en mediació de conflictes, experts de l'àmbit acadèmic... La democràcia no és res més que això: si hi ha un problema, no serveix de res amagar-lo o tractar-lo com si fos tabú. S'ha de tenir el valor de parlar-ne. Perquè el problema no s'esvairà tot sol. Pel que fa a Espanya, això a més permetria que canviessin les línies mediàtiques, que s'aturés la guerra de propaganda i que els experts espanyols abordessin la qüestió d'una manera constructiva. Sempre és una victòria asseure's al voltant d'una taula, en un marc de confiança i amb un tracte personal correcte. Tot plegat permetria desescalar. Hi ajudaria molt que no hi hagués ningú a la presó ni cap persona perseguida penalment, que es respectessin els resultats electorals i que es pacifiqués el debat públic. En el fons jo tenia l'esperança que el rei Felip VI pogués tenir un paper en un eventual procés d'aquesta mena. Hauria de ser una figura neutral. Malauradament, quan el 3 d'octubre del 2017 va afirmar que els dirigents catalans estàvem «al marge del dret i de la democràcia», es va desacreditar. Ara pertany al bàndol dels que han agreujat el problema. Abans d'aquest moment jo no parlava mai del rei; el considerava aliè a aquesta qüestió i el protegia perquè, si es donava el cas, pogués fer aquest paper de mediador neutral. Aquell dia em va decebre moltíssim. No tant pel que va dir sobre els catalans, sinó pel fet que ell mateix s'exclogués com a part de la solució. A partir d'aquell moment ja no quedava cap figura neutral a Espanya. Europa, en canvi, es va abstenir de fer cap comentari oficial. Això fa que encara quedi una possibilitat que pugui fer un paper de mediació. Hi ha una persona en concret que podria fer aquest paper: és Donald Tusk, el president del Consell Europeu. Fins ara és l'únic que s'ha expressat d'una manera molt correcta.

Acceptem que a priori Europa estigui en contra de la independència de Catalunya. Però cal que al principi del procés puguem parlar sense cap tabú preestablert. Per a nosaltres, en qualsevol cas, seria una condició inacceptable que se'ns demanés renunciar a la independència. Això només ho podríem acceptar, eventualment, al final del procés. Si aquest diàleg fracassés, hauríem de poder conservar el dret a l'autodeterminació. És una alternativa democràtica com les altres. Fins i tot encara que, al final d'aquest diàleg, s'arribés a bon terme i part de l'independentisme s'alinies amb la fórmula de devolució màxima. Cal deixar-se portar per la negociació i veure de quina manera es troben les opcions defensades per cadascuna de les parts al final del procés. No em faria cap por que la fórmula de devolució màxima pogués guanyar en un referèndum final, perquè el nostre dret a la independència hauria quedat reconegut. El que volem és que es reconegui el nostre dret a l'autodeterminació. És més important això que la independència en si.

Quan dic que la crisi catalana pot ser una oportunitat per a Europa em refereixo també al fet que d'aquesta manera es pugui crear un marc de resolució de crisis susceptible de reproduir-se en altres casos. Aquesta metodologia porta dins seu el germen d'un nou mètode de governança que atorga un nou paper als ciutadans. Al llarg de tot aquest procés s'han de preveure espais regulars de participació ciutadana. Si és així, la fórmula a la qual arribem, sotmesa a referèndum, serà percebuda d'una manera molt més positiva. Fins i tot podria ser una oportunitat per crear una mena d'òrgan informal de resolució de crisis. A les universitats i els *think tanks* d'Europa hi ha moltíssim talent que hi pot ajudar. Cal donar-los la possibilitat de contribuir a la millora de la democràcia europea. No em refereixo a un nou despotisme il·lustrat, sinó a una aportació a una metodologia nova que integri la ciutadania europea. Abans ens referíem a la possibilitat apuntada pel filòsof Luuk van Middelaar en el sentit que tot Espanya voti a propòsit de la qüestió catalana. En el fons, ¿per què no ens plantegem que hi voti tot Europa? Potser no hauria de ser un vot efectiu, però sí vàlid a títol consultiu. Estic convençut que aquest mètode basat en el diàleg, amb una participació ciutadana normalitzada, funcionaria i permetria trobar una sortida a la crisi, perquè seria un model perfecte de democràcia. No em negareu que, si la negociació es comencés sabent ja quin serà el resultat final, seria una negociació molt estranya. Requereix un treball ingent, acompanyat de tot el material acadèmic necessari, de tantes opinions com calgui, discret i sense pressió mediàtica. Prenguem-nos el temps que calgui per parlar tranquil·lament de tot per tal que, al final, els catalans decideixin lliurement el seu futur.

Encara ens queda lluny, ja ho sé. Fins i tot caldrà temps per crear les condicions perquè hi pugui haver aquest diàleg. Ho he proposat en repetides ocasions a representants del Govern espanyol i és lamentable que encara insisteixin a tancar-se a un diàleg polític que permeti atenuar el conflicte, aturar les accions legals... Seria bo per a tothom tenir unes condicions de treball positives, amb mediadors internacionals capaços de verificar que el que es proposi sigui compatible amb la legislació i de vetllar per l'aplicació del que s'hagi decidit. L'objectiu d'aquest marc seria arribar a unes propostes que no fossin dramàtiques. A les converses finals s'hi podria parlar de tot: el tipus de consulta popular, la pregunta, la data, la majoria necessària. Tot això és impossible determinar-ho ara; no es podrà decidir fins al final del procés. ¿Que si Europa hauria de tenir la capacitat d'imposar aquesta negociació? Nosaltres pensàvem que la Carta dels Drets Fonamentals de la Unió, adoptada el 7 de desembre del 2000, servia per a això, però no ha estat així. Per a mi això hauria de formar part de l'ètica dels estats. El reconeixement de l'altre, un enfocament no violent i el respecte de la voluntat popular haurien de ser naturals, en democràcia. És això, el que impedeix els conflictes i les guerres i garanteix el respecte dels drets humans. Això és el que hauria d'oferir Europa.

Si aquests processos s'estenguessin per tot Europa neutralitzarien els poders repressius i coercitius. Si el procés per resoldre el nostre conflicte tingués un desenllaç positiu, això demostraria que es podria utilitzar el mateix sistema a tot arreu, de la mateixa manera que, creant la Comissió de la Veritat i de la Reconciliació a Sud-àfrica, Nelson Mandela va crear un model d'acció política que es pot reproduir arreu del món. Si mentre durés la negociació, a banda de la qüestió de la independència de Catalunya, es produís també un procés similar per restaurar el respecte de la memòria i de les víctimes de la Guerra Civil, encara es destensaria més la situació. I seria possible la reconciliació. Per més que no en sigui directament responsable, també facilitaria les coses que el Govern reconegués la culpa de l'estat espanyol en l'execució del president electe de Catalunya, Lluís Companys, l'any 1940. Si tot Espanya s'involucrés en un programa que permetés als qui van perdre un ésser estimat a la Guerra Civil trobar els seus familiars, seria possible que s'instaurés un clima digne. Quan una parella està a punt de separar-se, si un dels dos vol salvar la relació el que ha de fer és expressar el seu amor i el seu respecte, més que no pas respondre amb amenaces. Perquè això vol dir que no hi ha amor, que només hi ha una relació de possessió, i això no és sa. El que ha reivindicat des de sempre el catalanisme és una cosa tan senzilla com que l'Estat reconegui que durant el franquisme els catalans van ser perseguits judicialment i que el català, el gallec i el basc van ser discriminats lingüísticament... Podríem tenir representació oficial com a nació cultural a la Unesco. Podríem tenir un equip nacional a les competicions oficials. Hi ha moltíssimes coses que podrien contribuir a la normalització. L'estat espanyol s'ha de merèixer que els catalans renunciïn a aquest dret legítim; ens ha de donar els instruments necessaris per ser realment catalans. Un dia un analista em va dir que en realitat això no era una qüestió política, sinó religiosa, perquè la unitat d'Espanya és comparable a una religió. A un fanàtic religiós no li pots discutir l'existència de Déu perquè t'acusarà de sacrilegi. Aquest és el problema.

Pel que fa a mi, Carles Puigdemont, no aspiro a tenir cap paper en el futur. El que vull és tornar a la meva normalitat tan aviat com sigui possible i recuperar el màxim de llibertat possible. He acceptat cedir el meu lloc a la presidència al meu amic Quim Torra pel bé del poble de Catalunya. Vull proposar formalment la creació d'un Consell de la República, un espai polític i social a partir del qual es pugui treballar en el desplegament de la república, en tots els sentits del terme. Si la situació no canvia, aquesta serà la meva feina. Si entrem en una lògica diferent, com acabo d'exposar, em podria plantejar tornar a la normalitat més aviat del que tenia previst. Com a president tinc una responsabilitat i tinc la intenció d'assumir-la. Haig d'arribar a un punt acceptable en què pugui donar la mà a una nova generació de líders. Però quan la solució s'hagi normalitzat no vull continuar fent política. Tinc el dret i la necessitat de deixar la política quan la solució s'hagi normalitzat. A més aquest era el meu compromís: no em sembla bé que els dirigents es perpetuïn eternament en el poder. Entenc que hi ha moments en què calen nous llenguatges i noves cares. Passi el que passi, però, és evident que la meva vida continuarà marcada per sempre pel fet d'haver estat president de Catalunya. El que jo digui i escrigui tindrà una influència sobre la realitat. Però també intentaré recuperar la meva llibertat personal i la meva vida. Somio poder tornar a Girona per gaudir del lloc que més m'estimo en companyia de la meva dona i les meves filles. Per fer una vida senzilla i per fruir de les petites coses del dia a dia: l'amistat, els productes de la terra, el paisatge, el patrimoni, el clima, la música i la cultura... És això, el que desitjo de la vida. Per desgràcia la meva situació no és la que jo preveia. En aquest sentit, és una mena de fracàs personal. Però no puc desentendre'm de la meva responsabilitat només per viure millor. Estic preparat per viure empresonat a Espanya, si cal. Però el meu empresonament complicaria encara més la possibilitat de trobar una solució política. Seria un gran error, perquè el que vam fer no és cap delicte. Per a l'estat espanyol probablement seria una festa i una venjança, però s'allunyaria de l'Europa dels valors que jo vull. Ara bé, si arribés aquest moment, continuaria lluitant pels meus drets personals i pels nostres drets col·lectius. Aniria fins al final; fins a la justícia internacional. No hi renunciaré fins que el problema català no estigui resolt. No, aquesta història no s'acabarà posant els líders a la presó o forçant-los a l'exili.